전후보상으로 생각하는 일본과 아시아

국립중앙도서관 출판시도서목록(CIP)

전후보상으로 생각하는 일본과 아시아 /
우쓰미 아이코 지음 ; 김경남 옮김.
서울 : 논형, 2010
원표제:戰後補償から考える日本とアジア
원저자명: 內海愛子
일본어 원작을 한국어로 번역
ISBN 978-89-6357-005-1 93910 : \12000

전후 처리[戰後處理]
전쟁 배상[戰爭賠償]
일본(국명)[日本]

361.65-KDC5
341.6-DDC21   CIP2010003805

전후보상으로 생각하는 일본과 아시아

우쓰미 아이코 지음 · 김경남 옮김

노형

戦後補償から考える日本とアジア　內海愛子 著, 山川出版社

SENGOHOSHOUKARA KANGAERU NIHONTO ASIA by Utsumi Aiko

© Utsumi Aiko 2002
Originally Japanese edition published by Yamakawa Shuppansha, 2002
Korean translation rights arranged with Utsumi Aiko
Translation copyright © 2010 Nonhyung

전후보상으로 생각하는 일본과 아시아

지은이　우쓰미 아이코
옮긴이　김경남

초판 1쇄 인쇄　2010년 10월 31일
초판 1쇄 발행　2010년 11월 5일

펴낸곳　논형
펴낸이　소재두
편집　소재천
표지　김예나
등록번호　제2003-000019호
등록일자　2003년 3월 5일
주　소　서울시 관악구 성현동 7-77 한립토이프라자 6층
전　화　02-887-3561
팩　스　02-887-6690

ISBN　978-89-6357-005-1 93910
값　　12,000원

식민지 지배 청산이 없었던 일본의 전후 처리

애타게 기다리는 가족

일본의 침략 전쟁에 동원된 조선인 군인·군속은 24만 2,341명, 사망은 2만 2,182명을 헤아린다(일본 후생성 발표). 전후 살아남은 조선인 군인·군속들은 어떻게 귀환시켰으며, 죽은 자의 사망통지는 어떻게 하였고, 유골은 누가 반환했을까.

패전 후 폐허 속에서 배고픔을 안고 하루하루 사는 것에 쫓겼던 일본인들은 이러한 문제를 생각할 여유도 없이 살아 왔다. 귀환 뉴스가 흘러나오고, 1946년 7월 1일에는 전쟁통에 행방불명이 된 사람의 소식을 기다리는 "사람을 찾는 시간"이라는 방송도 시작되었다. 이 시대에 소학생이었던 나에게 귀환도 사람을 찾는 방송도 내 가까운 곳에 있던 '전쟁'이었다. 시베리아에 억류된 육친을 기다리는 "선착장의 어머니岸壁の母"라는 노래는 이 무렵의 세태를 담고 있다.

[그림 1]1975년 인도네시아 반동에서 독립 영웅이 된 3명의 옛 일본병
(양칠성[梁七星], 아오키[靑木], 나가야가와[長谷川])

어머니는 왔어요. 오늘도 왔어요. 이 선착장에 오늘도 왔어요. 닿지 않는
소원인 줄 알지만 어쩌면 어쩌면 하는 생각에 끌려

　남편이나 자식이 돌아오기를 애타게 기다리는 어머니나 아내…….
그러나 한국이나 대만에도 그런 처지의 여성들이 있었을 것이라는 것은
당시의 나는 생각지도 못했다.
　조선인을 전쟁에 동원한 사실조차도 알지 못했다. 전후 민주주의 교
육을 받은 세대는 미국과 전쟁을 했다는 것은 배웠어도, 중국을 침략한
것도 조선을 식민지화한 것도 거의 기억에 가물거릴 정도로만 배웠던
것이다. 원폭 피해 이야기는 우리들에게 가까운 이야기였지만, 아시아를

침략한 것은 '머나먼 이야기'였다. 식민지 지배의 가혹한 현실에 대해 눈을 뜨게 된 것은 재일조선인의 역사를 알기 시작하면서부터였다. 간토대지진의 조선인 학살 이야기는 도쿄에서 태어나 도쿄에서 자라난 나로서는 당연히 알만한 역사 임에도 제대로 알지 못했다. 아니 지식으로는 배웠어도 '가슴'으로 느끼지 못했던 것이다. 관련 문서를 읽고 충격을 받았다. 왜 가장 가까이에 있던 이 사실을 내가 알지 못했을까. 이런 역사 교육에 회의를 품고, 제대로 배우기 위해 교사를 그만둔 후 다시 대학으로 들어갔다. 그리고 재일조선인의 차별 문제를 배우기 시작했다.

그로부터 10년 후인 1975년 일본어 교사로서 인도네시아에 부임했다. 그때 인도네시아 반둥에서 3명의 옛 일본병이 독립영웅이 된 식전행사가 있었다. 한 명은 조선인이었다. 그런데 영웅묘지의 묘비에는 그의 인도네시아 이름과 창씨명인 '야나카와 시치세이梁川七星'가 새겨져 있다. 본명인 조선 이름이 아니다. 일본 정부는 인도네시아 측에 그의 국적도 조선 이름도 알려주지 않았고 유족에게 연락도 하지 않았다. 어디까지나 옛 일본병으로서 처리하고자 했던 것이다. 두 명의 일본병 유족은 식전에 출석하여 분골分骨했고, 그의 분골용 상자는 방치되어 있었다.

군속으로 동원한 일본 정부는 한국의 유족에게 그의 소식을 알릴 의무가 있다. 그러나 일본 정부는 그들을 위해 아무것도 하지 않았다. 그의 유골을 가슴에 안고 울고 있는 인도네시아인 전우의 모습을 보면서 어떻게 해서라도 유족을 찾아내자고 그때, 우리는 결심했다. 식민지지배에 대한 반성을 빼놓은 채 전후를 살아 온 우리들이 할 수 있는 것은 유족에게 이 사실을 알리는 것이라고 생각했기 때문이다.

분골 상자 위에 남아 있던 로마자로 쓰여진 '고마루딘GOMARUDIN'이라
는 작은 종잇조각을 일본으로 가지고 돌아왔다. 그의 본명이 양칠성이라
는 사실을 확인했다. 그와 함께 자바포로수용소에서 근무하던 조선인
옛 군속을 방문하러 갔다. 그들은 전후 인도네시아를 재침략해 온 네덜란
드 전범재판에서 전범으로 된 사람들이었다. 네덜란드는 인도네시아로
주권을 이양(1949년 12월)하고 전면적으로 철수하기 전에, 전범으로 구류하
고 있던 사람들을 도쿄의 스가모형무소에 이송하였다. 그중에는 전범이
된 조선인도 있었다. 그들은 석방 후에도 한국으로 돌아갈 수 없어 일본에
정주하고 있던 것이다. 그들은 자신들은 네덜란드에 의해 전범이 되었지
만, 동료가 인도네시아에서 독립영웅이 된 것을 기뻐하였다. 양칠성과
같이 인도네시아 독립전쟁에 참가한 조선인 군속은 10명 가까이 있다.
하지만 양칠성 이외는 그 이름도 죽은 장소도 알 수 없다.

　　곧 양칠성의 유족이 있는 곳이 판명되었다. 재이장再移葬 식전이 있고
나서도 이미 3년 가까이 지난 뒤였다. 처음으로 한국을 방문한 것은 1978
년 9월, 따뜻한 온돌이 기분 좋은 초가을의 한국, 그 파아란 하늘은 양칠성
이 잠들고 있는 인도네시아의 하늘을 연상케 했다. 양칠성의 고향은 전주
全州였지만 방문한 집에 유족은 없었다. 자바·타이 등지에서 그와 함께
근무했던 옛 동료가 함께 길을 나섰다. 시내에서 이리저리 찾고 있던 우리
들의 소식을 들은 경찰관이 사정을 듣고 함께 찾아주었다. 그래도 어디
있는지 알 수 없었다. 마지막으로 전북일보사를 방문하여 '사람 찾는'
기사를 통해 유족의 거처를 알 수 있게 되었다.

　　양남수梁南守 씨는 형 양칠성 씨가 자바에 보내졌을 때 8살이었다. 우

리들이 가지고 있던 사진을 보면서 멋진 형의 모습을 조금씩 이야기해 주었다. "동생은 6·25전쟁통에 죽었고, 어머니도 12년 전(1996년)에 돌아가셨다. 어머니는 복원復員 열차가 들어올 때 전주역에 나가서 하루 종일 역 앞에서 기다리고 있었다. 다른 사람들은 돌아오는데 왜 내 자식은 돌아오지 않느냐며 자바에서 보내 온 사진을 보고 울고 있었다. 한 맺힌 설움으로 수명이 단축된 것 같다"고 한다. 어머니가 간직한 형의 사진은 슬픔이 가득 차 있어 어머니가 돌아가신 후 바로 태워버렸다며, "조금만 더 빨리 알려주었다면, 어머니도 조금은 위로가 되셨을텐데……"라고 되뇌었다. 뭐라고 할 말이 없었다. 돌아오지 않는 남편이나 자식을 기다리는 '선착장의 어머니'는 한국에도 있었다. 강제 동원이 있고, 징병·징용이 있었던 한국에도 당연히 '애타게 기다리는 가족'이 있으리라고 왜 눈치 채지 못한 것일까. 양남수 씨의 말을 듣고, 식민지 지배 청산이 없는 전후사를 배워 온 우리들의 역사인식을 다시 한 번 생각하게 되었다(우쓰미 아이코[内海愛子]·무라이 요시노리[村井吉敬], 『적도하의 조선인 반란[赤道下の朝鮮人叛乱]』, 勁草書房, 1982年).

　　일본의 무책임한 전후 처리는 계속되었다. 1991년 8월 한국에 사는 지인知人으로부터 오빠의 생사를 확인해 주었으면 좋겠다는 부탁을 받았다. 그녀의 오빠는 함경남도 나남羅南 8513부대에 소속되어 있었다. 1944년 경 남방南方에서 사망한 것 같지만 생사불명이라는 것. 후생성 원호국에 문의하니, 1991년 12월 3일자로 된 「사망증명서」가 서울에 있는 그녀에게 도착하였다. 거기에는 다음과 같이 씌어져 있다.

　　사망년월일: 쇼와(昭和) 20년 1월 9일

사망구분: 전사(戦死)

사망장소: 대만(台湾) · 안평곳(安平沖)

　발행은 후생성 원호국장 명의이다. 반세기 가까이 지나 오빠의 죽음
을 확인한 그녀는 "새삼스럽지만 비통한 마음을 참을 수 없어 한없이 눈물
을 흘렸습니다. 유골이라도 돌아온다면 다소라도 위로가 될지 모르겠습
니다만, 그것조차 불가능하다고 생각하니 원한을 풀 결심을 굳히지 않을
수 없습니다"라고 보내왔다. 그 '결심'이라는 것은 「사망통지서」에 기재
되어 있는 야스쿠니신사 합사合祀에 대한 항의이다. 야스쿠니신사에 합
사하면서, 일본 정부는 왜 유족에게 사망 통지를 하지 않았는가.

유골의 수습

일제하에서는 조선총독부 부군府郡 병사부兵事部가 유족에게 전사 소식을
통보하였다. 그렇지만 패전에 따라 조선총독부는 해체되었고, 유족에게
'전사공보戦死公報'는 없었다.

　1952년 4월 28일, 샌프란시스코강화조약을 맺은 일본 정부는 주권을
회복하고 나서, 중단하고 있던 「사망통지서」 발급이나 유골 수습을 시작
하였다. GHQ(극동연합군사령부)로부터 독립하기까지 약 6년 4개월 사이, 점
령하의 일본에서는 전쟁 재판이 열렸고 전승국에 대한 배상 지불 문제를
안고 있었다. 또한 대동아공영권大東亜共栄圏 전역에 있던 일본인 · 조선인
· 대만인의 귀환 문제도 있었다. 이러한 굵직한 것들에 묻혀 유골 수습,

행방불명자의 호적 정리, 유족에 대한 보상 등의 전후 처리는 손도 쓰지 못했다.

1952년 6월, 일본 국회에서 「해외 제 지역 등에서 전몰자의 유골수용 및 송환 등에 관한 결의海外諸地域等における戰没者の遺骨収容及び送還等に関する決議」가 채택되었다(1952년 6월 17일 13회 국회본회의 중의원[衆議院] 회의록 제55호). 일본 정부에 의한 유골 수습의 방침이 결정되었다. 1944년 이래의 격전지의 유골은 다음과 같은 상태로 처리되었다. 첫째, 네덜란드령 인도(현재의 인도네시아), 말레이시아, 타이, 프랑스령 인도차이나(현재의 베트남·라오스·캄보디아) 등에서는 유골은 묘지에 묻고 그 일부를 가지고 일본으로 송환하고 유족에게 전달한다. 둘째, 솔로몬 군도群島, 동부 뉴기니, 버마, 필리핀 등에서는 많은 경우 급격한 전황戰況의 변화 때문에 유골은 반드시 규정대로 처리되지 않았다. 유체를 간신히 매장했던지 혹은 그럴 시간적 여유조차 없었던 경우도 있다. 셋째, 이오지마硫黃島, 오키나와沖縄, 마리아나 제도諸島와 같이 수비대가 목숨을 바쳐 끝까지 싸운 지역에서는 최후의 지상 전투가 있었기 때문에 유체가 거의 처리되지 못했다.

조선에 징병제가 시행된 것은 1943년이다. 전황이 악화되는 가운데 징병·징용된 조선인 병사 중에는 제2·3의 격전지에 보낸 자도 많다. 1953년부터 시작된 유골수습은 75년까지 10만 8,365구(오키나와 제외, 후생성 조사)가 수습되었다. 한국과 국교가 회복되었을 때 1,179구의 유체가 한국의 유족에게 송환되었다. 그러나 양칠성과 같은 케이스도 있다. 그 후 수습된 유골은 한국에 있는 유족의 품으로 돌아갔을까.

일본에서는 생사불명자의 호적도 정리되었다. 1949년 3월 25일 일본 정부는 언제 어디에서 사망했는지 모르는 미귀환자에 대해, 동료·지인 등이 작성한 「사망확인서」를 바탕으로 사망 통지가 될 수 있도록 했다. 1958년 2월부터는 특수한 사정으로 사체가 발견되지 않는 경우, 사체死体가 없어도 사망한 것이 사실이라고 인정되는 자에 대해서 관공서가 조사해서 사망을 인정해서 보고하도록 하였다(인정사망認定死亡). 이에 따라 호적에 사망으로 기재될 수 있었다. 1959년 3월에는 미귀환자에 대해서, 후생대신 또는 도도부현都道府県 지사가 실종선고를 청구할 수 있도록 하였다. 이것이 사실상의 전시戰時 사망선고가 되어 호적에 "전시사망선고"로 기재되었다.

일본인의 사망자는 호적에 사망한 사실이 기재되었다. 이에 따라 유족은 「전상병자 전몰자 유족 등 원호법 戦傷病者戦没者遺族等援護法」(1952년 4월 30일 공포)에 의한 유족연금을 받을 수 있게 되었다. 그렇지만 이 법률은 한국에 있는 유족은 물론 일본에 사는 조선·한국인의 유족을 배제하고 있다. 일본의 '호적법戸籍法'의 적용을 받지 않는 것을 이유로 정부는 옛 식민지 출신자에 대한 전후 처리를 완전히 포기했던 것이다. 원호법 관련 법령에는 "일본국적자에 한함"이라는 국적조항이 붙어 나돌았다. 그것을 우리들 일본인은 어떠한 의문도 갖지 않고 받아들였던 것이다.

양칠성의 유족에게 연락도 하지 않은 것은 이러한 조치를 취해 왔던 일본 정부로서는 '당연'한 것일 것이다. 다른 한편 조선인 전시戰死·전상병자戰傷病者 등은 야스쿠니신사靖国神社에 계속 합사되었다. 합사 명부는 후생성이 야스쿠니신사에 보냈는데, 여기에는 조선인 전사자의 이름이 함께 기재되어 있었던 것이다.

식민지 지배를 무시한 전쟁 재판

1910년 8월 19일, "대일본제국은 대한제국을 병합하고 조선반도를 자신의 영토로 한다"고 선언했다. 일본의 패전으로 조선은 식민지 지배로부터 해방되었다.

1943년 11월 27일 '카이로선언'은 "드디어 조선을 자유독립하는 것으로 결의를 가진다"고 선언하고 있다. '포츠담선언'(1945년 8월 14일 일본이 수락 통지)에서는 카이로선언이 이행된 것, 일본의 주권이 홋카이도北海道, 혼슈本州 등 현재의 영토에 국한되는 것, 일본의 전쟁 범죄를 엄히 다스릴 것, 배상금을 지불할 것이 결정되었다. 이 선언의 조문을 근거로 연합군은 일본의 침략 전쟁을 묻는 전쟁 재판(극동국제군사재판極東国際軍事裁判, 각국에 의한 군사재판)을 추진하였다. 일본의 침략 전쟁을 지도한 도조 히데키東條英機 등 정치가·군인 28명의 전쟁 범죄를 묻는 것이었다.

피고 가운데는 조선의 전쟁동원 체제를 확립한 미나미 지로南次郎와 고이소 구니아키小磯国昭, 옛 조선군사령관 이다가키 세이시로板垣征四郎 (1941.7~1945.8)도 있었다. 이 세 사람의 공통된 죄명은 침략 전쟁의 공동모의·침략 전쟁의 계획준비·침략 전쟁의 수행, 통례의 전쟁 범죄 및 인도人道에 대한 죄다. 피고석에는 미나미, 고이소 등을 변론을 하기 위해 증인으로 옛 조선총독부 정무총감 오노 로쿠이치로大野緑一郎, 다나카 다케오田中武雄 등이 출정하였다. 도쿄재판의 법정에는 조선 식민지 지배의 최고책임자들이 모두 모습을 드러냈다. 그런데 일본의 조선 식민지 지배가 심의 대상으로 되지는 않았다.

극동국제군사재판은, 영국·미국·네덜란드·프랑스의 식민지, 중국에 대한 일본군의 침략은 재판했지만, 조선·대만의 식민지 지배는 심의조차 하지 않았던 것이다. 추궁되지 않은 식민지 지배—이것도 전후 일본인의 조선에 대한 인식을 크게 왜곡하였다. 일본은 식민지 지배를 청산없이 전후의 '평화와 민주주의'를 구가해 온 것이다.

일찍이 M광업의 노무 담당자를 인터뷰 한 적이 있다. 그는 연합국 포로, 조선인의 노무 동원을 담당한 사람이다. "포로에 대한 일은 아무것도 말할 수 없어요. 전쟁 재판이 무서우니까—조선인에 대한 것이라면 괜찮아요"라고 했다. 그는 조선인의 강제 동원은 아무도 책임을 묻지 않는 것을 알고 있었던 것이다. 이 노무담당자가 무서워한 것처럼, 도쿄재판과 같은 때 진행된 또 하나의 전쟁 재판으로, 포로의 강제 노동·학대가 엄격하게 재판되고 있었다. 미국·영국·오스트레일리아·네덜란드·프랑스·중화민국·필리핀의 7개국과 소련·중화인민공화국이 재판하였다. 이 재판은 포로 학대, 강제 매춘, 강제 노동, 억류된 연합국 민간인에게의 학대 등 30항목에 미치는 '통례의 전쟁 범죄'를 대상으로 하였다. 재판의 대상은 적국의 신민臣民 및 적에게 사용된 외국인, 즉 일본인과 조선인, 대만인이다. 연합국은 '전쟁 범죄에 관한 한 조선인은 일본인으로서 취급된다'는 것을 합의하고 있었다. 즉, 조선인이 '일본인'으로서 재판된 것이다. 그중에서도 일본군의 포로 학대를 중시하고 있던 연합국은 포로수용소에서 감시하고 있던 조선인을 재판했다. 양칠성은 포로감시원이었다. 그는 일본군으로부터 탈주해서 인도네시아 독립전쟁에 참가하고 네덜란드군에 총살되었다. 네덜란드의 전쟁 재판에서 '일본군으로서' 사형을 언도받고 총살형으로 죽은 한국인 전범도 있다. 포로에게 노동을 강제한 일본인, 조선인은 엄격하게 재판되었다. 하지만 조선인을 강제 연행한 책임자 및 관계자들은 전혀 재판되지 않았다. M광업의 노무담당자는 그것을 알고 있었기 때문에 포로 학대에 대해서 입을 다물고, 조선인을 동원한 것에 대해서도 어떤 책임도 느끼고 있지 않은 것처럼 가벼운 어조로 이야기하였다.

전시성戰時性 폭력에 대한 재판도 이중잣대로 적용되었다. 네덜란드는 자국민의 강제 매춘에 대해서는 책임자를 엄격하게 재판하였다. 중국계 인도네시아인이나 인도네시아인의 강간도 일부 들어 있기는 하지만, 조선인이나 대만인 등 식민지 출신의 여성에 대한 성폭력은 전혀 재판되지 않았다. 이것은 다른 연합국도 마찬가지이다.

전쟁 재판에서는 식민지 지배와 민중의 피해는 전혀 채택되지 않았다. 일본의 전쟁 범죄를 재판하는 법정에서 조선인 피해자의 목소리는 닿지 않았다. 조선인의 피해는 도대체 누가, 언제 재판한 것일까.

샌프란시스코강화 조약 제11조에 따라 일본은 연합국의 전쟁 재판의 판결을 승인하고, '일본 국민'의 형 집행을 계승하게 된다. 스가모형무소에 수용되고 있던 전범들을 일본의 법무부가 관리해 계속 형을 집행하였다. 이 중에는 본문 속에서 다루고 있는 것과 같이 일본 국적을 이탈해 이미 '일본 국민'이 아닌 조선인도 포함되어 있었다. 하지만 석방되지 않았다. 형을 받았을 때에 '일본인'이었던 것을 이유로 형 집행이 계속되던 것이다.

배제된 아시아의 피해자

일본의 또 하나의 전후 처리는 전승국에 대한 배상 지불이다. 전쟁에 진 나라가 피해자에게 배상을 지불한다. 이것은 패전국이 국제사회에 복귀하기 위한 전후 처리 방식이다. 패전국 일본에도 무거운 배상이 징수될 것으로 예상되었지만, 1950년 6월 한국전쟁이 발발하자 미국은 일본의 재군비와 경제 부흥이 절박해졌다. 미국 국무성이 낸 '대일강화 7원칙 対日講和七原則'(1950년 11월 24일)은 모든 교전국에게 일본에 대한 배상청구권을 포기하는 원칙을 밝히고 있었다. 필리핀 등 아시아 각국은 반대했다.

샌프란시스코강화조약의 배상 조항(14조)은 일본이 배상을 지불할 것을 승인하고 있다. 하지만 지불은 역무·생산물 공여·가공 배상 방식으로 제한되었다. 금전으로 지불해야 할 배상을 생산물이나 역무의 형태로 지불하게 함으로써 피해자의 손에 들어가야 할 배상금이 공장이나 다리, 호텔로 변했다. 게다가 그 공사를 수주하는 것은 일본 기업이며, 일본인 기술자가 서비스를 제공하여, 일본의 공장에서 가공된 기계 등이 상대국에 보내진다. 이것을 지렛대 삼아 일본기업은 동남아시아로 진출할 수 있었다. 이것은 아시아의 배상 요구를 어느 정도 충족시키고, 일본의 생산력을 높이며, 미국의 아시아에서의 '안전보장강화안'이라는 일석삼조의 이익을 추구한 타협에 의한 배상 지불방식이다. 일본 정부가 가슴을 쓸어내리며 한숨을 돌리게 된 이 방식은 일본의 경제 부흥에 도움을 주었고, 무역이 확대되었다.

배상 부담은 일본인 한 명당 약 1만 1,000엔. 더구나 지불 시기는 경제 부흥기에서 고도성장기로 늦춰졌다. 많은 일본인에게 배상이라고 하는 인식도 없이 배상이 끝났던 것이다(외무성 편, 「샌프란시스코회의 회의록」, 1951년; 배상청·외무성, 「대일 배상 문서집」, 1951년).

이 배상 지불 방식은 한일조약에서도 답습된다. 샌프란시스코에서 열린 대일강화회의에 중화인민공화국과 중화민국, 조선민주주의인민공화국과 대한민국은 초청되지 않았다. 대한민국의 참가 여부를 두고 일본의 요시다 시게루吉田茂 내각이 강하게 반대했기 때문이다. 일본이 미국의 강압에 밀려 한국과의 예비회담 자리에 앉은 것은 1951년 10월 20일 조약이 조인된 직후이다. 교섭은 14년에 걸쳐 진행되었다.

1965년 6월에 조인된 '일본과 대한민국과의 사이의 기본 관계에 관한 조약'으로, 한국은 청구권을 포기했다. 동시에 발효된 '청구권·경제협력 협정'으로, 10년간 1,080억 엔(3억 달러)의 무상공여, 720억 엔(2억 달러)의 차관, 1,080억 엔(3억 달러) 이상의 민간 신용 공여가 결정되었다. 이것이 '배상금'인가 '독립축하금'인가, 쌍방의 해석이 갈린 것은 잘 알려져 있다. '한국병합'을 합법이라고 생각하는 일본 측에는 배상 지불이라는 인식이 없었던 것이다. 이것은 정부뿐만이 아니라 조약에 반대하는 운동을 하고 있던 일본인 사이에서도 비슷한 상태였다. 한일의 군사 동맹에 반대한 운동이었다. 이를 반성하여, 데라오 고로寺尾五郎 등은 일본인의 식민지 의식을 묻는 일본조선연구소(1965년 소장 후루야 사다오[古屋貞雄])를 발족시켜 잡지 『조선연구』를 발간했다. 가지무라 히데키梶村秀樹, 미야타 세쓰코宮田節子, 오자와 유사쿠小沢有作 등의 젊은 연구자가 모여들었다. 나는 1970년에 참가해 1980년까지 이 연구소에서 활동했다.

전후보상 운동이 시작되다

한국에서도 군사 독재 정권하에서는 식민지 지배로 상처받은 피해자의 목소리가 억눌려 있었다고 한다. 1980년대의 냉전 붕괴와 민주화 투쟁의 승리는 피해자를 얽어매온 벽을 무너뜨렸다. 식민지 지배, 전쟁의 트라우마에 고통받고, 장애에 괴로워하던 피해자의 소리가 일본에도 들려오기 시작하였다. 1980년대 초는 작은 호소였다. 하지만 그 소리에 귀를 기울인 일본 시민이 한국을 비롯한 아시아에 대한 가해자 시점이 결여되어 있는 역사인식을 되묻기 시작하면서 운동이 시작되었다. 피해자의 호소를 지지하는 활동이 각지에서 전개되었다. 피해자의 소리를 법정으로 끌어들이기 위해 변호사들이 움직였다. 시민들이 증거 자료를 찾았다. 연구자도 협력했다. 매스컴도 적극적으로 이 문제를 다루었다. 일본의 가해자로서의 책임을 묻는 이 활동은 1990년대에는 전후보상 운동의 큰 물결이 되었다.

일본 법정에 차례차례로 피해자의 호소가 받아들여졌다. 법정에서 밝혀진 피해자의 증언은 전쟁 재판에서도 배상 교섭 장소에서도 다루어지지 않았던 전쟁 피해의 실상이며, 반세기 이상 누구에게도 터놓지 못한 '절규'였다. 그것은 일본 시민에게 "당신들은 이 사실을 알고 있는가", "이 현실을 어떻게 책임질 것인가"라고 묻는 것 같았다. 그 절규에 귀를 기울이면서, 한 사람 한 사람의 일본 시민이 과거와 마주 서서 자신들의 가해자 책임을 계속 묻고, 피해자들과 함께 활동하면서 전후보상 운동을 실천해 왔다. 이제 전후보상 운동은 일본인이 자신들의 과거를 바로 보는 역사인식,

식민지 책임을 묻는 운동이 되었다. 이 책은 이러한 재판 투쟁 속에서 모아진 자료나 증언을 기초로 쓰였다. 지금 20년 이상 시민들이 지지해 온 전후보상 운동은 2010년에만 80건을 넘어섰다.

재판은 늘 패소였지만, 판결 중에는 입법부에 문제를 해결하도록 부언하는 것도 있다. 국회에서 새로운 법률을 제정하고 보상을 실시하기 위해서 법안을 만들고 국회에 제출할 준비를 하고 있다. 식민지 책임에 관한 연구도 새롭게 진행되고 있다. 전후보상 운동은 일본의 시민운동이나 연구에 새로운 시점과 새로운 움직임을 창출하고 있다.

2009년 8월, 일본에서는 정권 교체가 있었다. 민주당 정권의 입장에서 전후보상 문제는 '아시아 제국諸國과의 신뢰 관계 구축'을 위한 기본적인 문제다. 지금, '호혜적 전략 관계'를 현실적으로 인정하고 있는 아시아와의 관계에서, 전후보상 문제의 해결은 불가피하다. 이 과제는 일본은 물론 피해자가 속해 있는 한국을 포함한 국가들에 계속 추궁당해 갈 것이다.

한국의 대처

한일회담 이후, 일본은 징용·징병된 조선인 군인·군속의 부재중 명부와 신상조사표, 사망자연명부 등 관련 자료를 한국에 인도했다. 한국은 이 자료들을 기초로 유족에게 정보를 제공해 왔다. 1974년 12월에는 「대일민간청구권보상법」을 제정해, '일본군에 의해서 군인·군속 혹은 노무자로서 소집 혹은 징용 되어 1945년 8월 15일 이전에 사망한 자'의 유족에게 보상하였다. 하지만 보상금이 적고, 받기를 거부한 유족, 사망

통지가 없어 보상을 받을 수 없었던 유족도 있었다. 3년이라는 한시법이기 때문에 보상금을 받은 유족은 반수에도 미치지 못했다.

한국 정부가 본격적으로 과거를 청산하기 시작한 것은 민주화 투쟁이 승리를 거둔 이후부터다. 2003년 3월 한국은 「일제강점하 강제동원피해 진상규명 등에 관한 특별법」을 공포했다(2004년 2월 발효). 이 법에 따라 '일제 강점하 강제 동원 피해 진상규명위원회'가 발족되어 피해를 조사하기 시작하였다. 피해 신청 접수가 시작되고 나서 1년 반이 지나지 않아, 21만 9624명의 피해자가 신청하였다. 생사 확인, 강제 동원 피해를 인정해 줄 것을 정부에 요구하고 있다. 2010년 2월 현재 22만 7,986명이 신청하여 53.2%인 12만 1,389명이 처리되었다(「강제 동원 피해 진상 조사단 업무 처리 주요 현황」, 일제강점하 강제 동원 피해 진상규명위원회). 남겨진 유족 보상, 전상자 원호, 유골 반환, 강제 동원된 사람의 미불급여·군사우편저금·후생연금·공제저금 의 반환 등, 전시 동원으로 한정해도 지금 많은 과제가 남아 있다. 지원병, 학도병, 징병, 군속軍属, 군부軍夫 등 군대 동원, 전범, '위안부', 노무 동원 등 강제 동원 피해의 실상은 실로 복잡하고 다양하다.

피해자의 소리를 듣고 자료를 조사해 '피해 인정'을 하는 한국은 식민지 과거를 청산하는 작업을 현재도 진행하고 있다. 피해가 인정된 사람을 지원하기 위한 「태평양전쟁 전후 국외 강제 동원 희생자 등 지원에 관한 법률」이 2008년 6월 시행되었다. 위로금·미수금未収金 피해자·의료 지원금을 5만 1,930명이 신청하였는데, 처리된 것은 2010년 2월 현재 3만 7014명이다.

국적에 의한 차별

2010년 4월 6일에는 중의원회관에서 민주당의원을 중심으로 '전후보상을 생각하는 의원연맹'이 발족된다(회장 오카자키 도미코[岡崎卜ミ子] 참의원의원). 그러나 그 민주당 정권하에서 처음으로 만들어진 전후보상 관계의 법률은 일본 국적을 가지지 않는 피해자를 배제하고 있다. 6월 16일에 초당파적으로 만들어진 「전후 강제억류자 특별조치법」은 옛 소비에트의 시베리아 등에서 강제 동원된 일본 국적을 가진 사람에 대해, 억류기간에 따라 1인당 25만 엔부터 150만 엔의 특별지급금을 지불하는 법률이다. 이 민주당의 원안에는 '유족이나 일본인 이외의 옛 억류자에의 보상'이 포함되어 있었는데, 정부 내에서 신중론이 강해 이 문구가 삭제되었다는 것.

왜그런가. 한국인의 옛 시베리아 억류자들은 다시 절망의 늪에 빠지도록 당했다는 기분일 것이다. 그들은 소련으로부터 일체 임금을 지불받지 못하고 귀국 후는 '빨갱이'라는 딱지가 붙여져 배제·차별당해 왔다. 어떤 의미에서는 일본인 이상으로 아픈 전후의 세월을 보내왔다. 한국 정부는 2007년에 이들을 강제 동원 피해자로 인정하였고, 최근에는 적지만 의료 지원을 하고 있다. 그러나 일본으로부터는 어떠한 보상도 받지 못하고 있다. 그들은 일본과 소련으로부터 받은 피해의 실태를 조사하고, 부정의와 부조리가 바르게 평정되도록 요망하고 있다(한국시베리아 삭풍회[朔風會], 이병주[李炳柱] 회장, 2010년 6월 21일).

또한 2010년 일본 정부는 국적을 이유로 한국인 피해자를 배제하는 법률을 제정하였다. 그 가운데 일본인이 만든 전국억류자보상협의회(회장 히라쓰카(平塚光雄))가 "앞으로, 같은 비참함을 경험하고 일본인 이상으로 고생한 한국·조선, 중국·대만에 살고 있는 옛 억류자들에게도 이에 상응한 조치가 취해져야한다고 생각한다"라는 요망서를 제출하고, 이후에도 함께 운동을 계속해 가겠다고 호소하고 있다.

정부의 자세를 변화시킬 수는 없는가. 피해자들은 20여 년에 걸친 운동 속에서 국적을 초월한 신뢰관계를 만들어 왔다. 앞으로 운동 속에서 이 신뢰관계가 어떻게 열매를 맺을 것인지 주목된다. 또한 외국인의 인권에 대한 조직을 꾸려왔던 시민그룹은 국적차별규정을 포함하여 이 법이 일본이 체결한 '시민적 및 정치적 권리에 관한 국제조약(市民的及び政治的權利に関する国際規約(자유권조약(自由權規約)))' 제2조 1항에 반하는 것임을 소명했다. 입법부는 차별하고 있는 옛 식민지 출신자에 대한 보상법안을 바르게 기초(起草)하고, 지금 임시국회에서 최우선적으로 제정해야할 것이다. 그래서 그 법률의 시행은 특별조치법 시행일로 소급적용되어야 할 것이라는 성명서를 냈다.

전후보상 재판에서 문제 해결을 재촉한 것은 피폭자 문제다. 5월 12일의 도쿄발 연합뉴스는 일본에서 원자폭탄의 피해를 입은 한국인 299명이 일본으로부터 1명당 110만 엔(약 1340만 원)씩 위자료를 받게 되었다고 전했다. 피폭 후 한국에 돌아갔기 때문에 건강수당을 지급받을 수 없었던 299명이 나가사키(長崎) 지방재판소에 소송을 제기하였는데, 일본 정부와의 화해가 성립된 것이다. 1월에도 127명이 화해하고 있다.

한국에 거주하고 있는 피폭자들은 '출국을 이유로 일본 정부가 건강관리수당을 지급하지 않는 것은 위법'이라 하여, 오사카 지방재판소(大阪地

方裁判所에 일본 정부를 상대로 위자료 청구 집단소송을 제기하였다. 2007 년 최고재판소最高裁判所는 정부의 위법성을 인정하고 국가에 배상을 명령 하였다. 그래서 2009년부터 위자료 지급에 합의한 것이다. 지금까지 소 송을 낸 한국인은 1,408명에 달한다(김정현 특파원, 2010년 5월 12일).

패전으로부터 65년 일본에서는 아직도 전쟁 처리가 되지 않고 있다. 피폭자의 보상요구 운동은 한국으로부터 지금은 중국으로 그 범위가 넓 혀지고 있다. 한국의 피해자의 호소는 또한 일본의 전쟁피해자에게도 용기를 주었다. 도쿄대공습의 피해자가 보상요구 재판을 걸도록 영향을 주었다. 현재 원고는 일본인밖에 없지만 공습피해자 속에는 필시 조선인 도 있다. 언젠가 그 유족도 재판에 참가하게 될 것이다.

전쟁의 피해는 국경도 국적도 뛰어넘는다. 보상을 요구하는 투쟁도 또한 국적을 뛰어 넘는 연대가 요구되고 있다. 전후보상 운동은 피해자와 지원하는 가해국 사람들의 유대를 깊게 하고, 국경을 넘은 연대를 창출해 가는 가운데 비로소 가능하게 되었다. 20여 년에 걸친 이 운동은 글로벌 시민연대의 가능성을 비롯하여, 한국과 일본의 시민에 의한 미래를 만들 어가는 운동으로 이어지고 있다고 생각한다.

2010년 6월 25일

우쓰미 아이코內海愛子

CONTENTS

1장

지금도 계속되고 있는 보상 문제

1. 아시아와 교류하면서: 풀뿌리 민중의 네트워크

정보화시대다. 동남아시아에도 거대한 파라볼라안테나parabolic antenna가 눈에 띈다. 인도네시아[1]의 파푸아Papua와 아체Ache에서도 휴대 전화를 걸고 전자메일을 보낼 수 있다. 세계가 주목하지 않는 지역의 민족 분쟁까지도 자원봉사 네트워크를 통해 우리에게 전해진다. NGONon-Governmental Organization들은 현지에 밀착해 대중매체로서는 도저히 전달할 수 없는 정보까지 제공한다. 바야흐로 그러한 시대가 된 것이다.

일본이 이라크전쟁의 다국적군에게 130억 달러를 내놓은 것이 아시

---

[1] 인도네시아는 한반도의 9배 면적에 4,600개의 많은 섬들로 이루어진 나라다. 인구는 약 2억 1,500만 명(2008년 현재)으로 세계 4위의 인구 대국이며, 1인당 국민소득은 약 1,000달러 수준이다. 원유·가스·목재 등 각종 자원이 많은 부존 국가로, 그 중요성으로 인해 아시아태평양전쟁 때 서구 및 일본의 침략을 받은 나라다―옮긴이.

아에도 보도되었다. 아시아태평양전쟁의 피해자들에게는 어떠한 보상도 하지 않으면서 왜 일본은 그런 거액의 돈을 내놓은 것인가. 이런 의문을 던진 이는 한두 사람이 아니었다. 지금까지 피해 보상이나 미불 임금을 요구하기 위해 재외 일본대사관이나 영사관을 다녀간 사람도 적지 않았다. 그러나 일본 정부는 이미 '해결 완료'라고 하면서 피해자에 대한 개인적 보상을 거부해 왔다.

거의 묵살되어 왔던 아시아 사람들의 소리가 풀뿌리 네트워크를 통해 일본에도 전해지기 시작하였다. 전쟁이 끝난 지 50년이 지나서야 일본에서도 전쟁 피해에 대한 보상 문제에 관해[2] 차츰 관심을 가지게 되었다.

미국은 이미 1990년부터 전쟁 중에 강제 수용된 일본계 사람에게 대통령이 사죄하는 편지를 넣어 2만 달러(당시 기준으로 200만 엔)를 지불하였다. 미국 정부가 과오를 범했기 때문에 보상 대상이 되는 사람을 찾아내는 책임도 정부에 맡겨졌다. 그리하여 현재 어느 나라 국적을 가지고 있든 어디에 살고 있든 상관없이 보상을 받을 수 있게 된 것이다.[3] 캐나다 또한

---

[2] **전쟁 피해에 대한 보상(戰後補償):** 일본의 침략 전쟁, 식민지 지배로 생긴 아시아 사람들에 대한 개인 보상을 의미한다. 일본의 법적·도덕적·인도(人道)적인 책임이나 사죄의 의미를 포함한 개인 보상이나 배상까지 포함하여 넓은 의미에서 '전후보상'이라는 용어를 사용하였다. 이 용어는 일본군의 아시아에 대한 가해 사실을 주시하여 전쟁 책임을 생각하고자 하는 시민운동 가운데에서 생겨나 정착된 것이다(이 글에서 쓰인 '전후보상'의 '전후'는 일본의 패전 후라는 의미. 한국에서는 일반적으로 1945년 해방 이후를 의미하지만, 여기에서는 한국전쟁 이후를 지칭하지 않는다—옮긴이).

[3] **강제 수용된 일본계 미국인에 대한 미국 정부의 보상:** 1988년의 임시 입법 「시민자유법」에 의한 조치. 1999년 1월 말 수속 마감. 대상자 약 6만 명. 또한 여기에 더하여 중남미에서 연행되어 강제 수용된 일본계 미국인에게 1999년 1월 7일 대통령의 사죄와 1명당 5,000달러의 보상금을 지불할

사죄하는 편지와 2만 1,000캐나다달러(약 200만 엔) 수표를 일본계 캐나다인
에게 지불하고 있다.

　독일은 1990년 12월 31일까지 864억 2,700만 마르크를 보상해 왔
다.[4] 2030년까지 1,200억 마르크(9조 6000억 엔)를 넘을 것이라고 알려져
있다. '기억·책임·미래기금'에서는 강제 노동을 사역 받은 사람에게
한 사람당 5,000마르크에서 1만 5,000마르크(약 27만~80만 엔)를 보상하기
시작했다. '미국이나 독일은 피해자 한 사람 한 사람에게 보상을 해주고
있는데, 왜 일본만은……' 이러한 생각을 품고 있는 전쟁 피해자들도
적지 않다.

　아시아의 피해자들은 일본을 대상으로 여러 가지 보상을 요구하고
있다. 중국이나 한국에서는 강제 노동에 대한 미불 임금을 요구하고 있
다. 옛 일본군 병사였던 한국인이나 대만인은 「군인은급법軍人恩給法」이
나 「전상병자 전몰자 유족 등 원호법戰傷兵者戰歿者遺族等援護法」의 적용을
요구하고 있다.[5] 상하이上海에서는 일본군 점령 중에 강제 교환되었던
군표軍票를 현재의 통화通貨로 바꿔 지불하라는 운동이 계속되고 있다.

　　　　것을 미연방 청구 재판소가 승인하였다.
　　　　4) 독일의 '전후 보상': 독일의 경우, 반드시 전쟁의 결과라고 말할 수 없는
　　　　손해, 특히 나치에 의한 피해자를 구제하기 위한 보상, 도의적인 책임에
　　　　대해서 세 가지 방식으로 대응하였다. ① 국가 간 지불 ② 국가에 의한
　　　　강탈물의 반환 ③ 국가 또는 단체가 개인에게 지불. ①과 ②는 법적으로
　　　　완료되었지만 ③의 문제는 남아 있다. 2000년 7월 6일에 '기억·책임·
　　　　미래기금'이 발족. 2001년 6월 15일부터 지불하기 시작하였다.
　　　　5) 전후 일본의 「군인은급법(軍人恩給法)」이나 「전상병자 전몰자 유족
　　　　등 원호법(戰傷兵者戰歿者遺族等援護法)」은 일본인에게만 적용되었
　　　　고, 식민지 출신의 일본군에게는 적용되지 않았다.

이러한 하나하나의 보상 요구에서 우리는 그동안 알지 못했던 '일본의 전쟁'을 알게 되었다. 전후戰後 50년, 경제 부흥 시대를 거쳐 고도성장을 향유하고 있던 많은 일본인에게 전쟁은 '옛날이야기'가 되었다.[6] 이 가운데 아시아 피해자들의 증언은 아시아태평양전쟁이 지나간 과거의 것이 아님을 우리들에게 가르쳐 준다.

'준엄하게 책망을 받을 이는 일본 정부만이 아니라 사실을 알려고 하지 않았던 우리가 아닐까, 우리의 역사인식은 아닐까' 일본의 현재와 미래를 생각하는 사람들 가운데 '과거'의 피해자를 지원하는 활동이 많아지고 있다. 변호사나 연구자만이 아니라 관심을 가진 시민이 조사활동이나 자료 발굴에 참가하고 있다. 그들은 방위성 방위연구소 도서관이나 외무성 외교사료관, 국립 국회도서관에 다니면서 자료를 찾아내고 생존자들을 인터뷰하기 시작하였다. 이렇듯 일본의 일각에서도 역사를 자신들의 손으로 만회하고자 하는 조사활동이 활발해졌다.

1991년 8월, 한국인 여성 한 사람이 '위안부'였던 자신의 과거를 증언했다. 침묵을 깬 김학순金學順 할머니의 증언에 우리는 큰 충격을 받았다.[7] 계속된 옛 '위안부'들의 증언은 우리의 상상을 훨씬 뛰어넘었다. 10대

6) 일본의 고도성장기는 1950년 한국전쟁을 기점으로 시작되어 1970년대까지 계속되었다. 이후 일본은 스태그플레이션 현상으로 오랜 경기 침체를 겪고 있기는 하지만 이 고도성장기를 기점으로 일본은 선진국 대열에 서게 되었다―옮긴이.

7) '위안부'였던 과거를 증언: 1990년 6월, 일본 참의원 예산위원회에서 정부 측의 노동성 직업안정국장이, '위안부'는 "민간업자가 군대와 함께 데리고 갔다", "실정 조사는 하기 어렵다" 등으로 답변하였다. 이것을 듣고 김학순 씨가 자기 이름을 걸고 증언대에 나올 결심을 했다고 한다.

소녀들이 하루에 수십 명의 병사를 상대하였다는 것을 누가 상상이나 했을까. 아직 생리가 시작되지 않은 소녀들도 있었다. "출혈이 멈추지 않아……, 너무 아파……, 자궁에 염증이……", 이들의 증언은 듣는 사람에게 심한 분노와 말할 수 없는 슬픔을 불러일으켰다. 한 인간을 성性적인 욕구를 해소하는 도구로 전락시킨 '위안부'제도, 이 '성性노예제'라고 할 만한 제도를 누가 생각하고 기안하여 만들어 올린 것일까. 일본군의 전쟁 범죄를 재판한 '극동국제군사재판'(일명 '도쿄재판', 이하 '도쿄재판'으로 약칭)에서도 그 책임자를 처벌하지 않았으며, 제도로서의 '위안소' 문제는 무시되었다.

반세기가 넘어도 치유되지 않은 이 깊은 마음의 상처를 만난 많은 사람들이 이들을 지원하고자 움직이기 시작하였다. 증언을 들었던 자로서 그 호소에 대답할 책임이 있다고 생각한 사람들이었다.

'위안소' 설립에 일본군이 정식으로 관여하고 있었던 사실을 말해주는 옛 일본군의 자료가 방위연구소에 남아 있다. 물론 민간업자가 경영하고 있던 '위안소'였다. 그러나 일본군이 조직적으로 '위안소' 개설에 관여하고 있었던 것이다(「아사히신문」, 1992년 1월 11일자).

가토 고이치加藤宏— 관방장관은 일본군이 관여했다는 것을 인정하였고, 1992년 1월에 한국을 방문한 미야자와 기이치宮沢喜— 수상도 공식적으로 사죄하였다. 더욱이 1992년 7월 6일, 정부는 127건의 조사 결과를 공표하고 정부가 직접 관여했다는 것을 공식적으로 인정하였다. 또한 다음해 8월 4일 정부는 제2차 조사 결과를 발표하였다. 이와 함께 고노 요헤이河野洋平 관방장관8)이 담화 속에서 피해자에게 '사죄와 반성의 뜻'

을 표명하고 보상에 관련된 조치를 검토한다고 하였다.

'전후 보상'을 요구하는 운동은 이렇듯 이른바 '위안부' 여성들의 증언을 계기로 더욱더 넓게 일본 사회의 사회적 관심을 모으게 되었다.

「아사히신문」은 1993년 11월에 실시한 여론조사에서, "전후보상 문제에 관심이 있습니까, 그다지 관심이 없습니까"라는 질문을 하였다. '관심이 있다'고 대답한 사람은 57%에 달하였다. 아시아로부터 개인에 대한 '전후보상 요구에 응할 수밖에 없는가, 아니면 이미 보상을 완료했으므로 응할 필요가 없는가'라는 질문에는 51%가 사안에 따라 응할 수밖에 없다고 대답하고 있다. 더구나 20대·30대에서는 70%가 '응할 수밖에 없다'고 대답하였다. 여론조사 결과는 젊은이들 사이에 '전후보상' 문제에 대한 관심이 높다는 것을 나타낸다(「아사히신문」, 1994년 8월 23일자).

2. 개인 보상은 가능한가

전후보상 재판은 2004년 9월 당시 75건을 헤아리고 있다(2009년 12월 현재 88건).[9] 한 건 한 건의 재판을 지원하기 위해서 많은 사람들이 계속 노력하였다. 재판 지원 연대를 만들기까지는 여러 가지 시험이 계속되고 있었다. 1986년부터 2001년까지 열린 '아시아·태평양지역의 전쟁희생자를

---

8) 고노 요헤이(河野洋平) 관방장관: 일본의 내각법에 기초하여 내각에 둔 내각 관방의 장. 국무대신이기도 하다. 최근 총리를 역임한 아베 신조(安倍晋三)·후쿠다 야쓰오(福田康夫)가 관방장관 출신이어서 장래의 수상후보자의 등용문 포스트라고도 한다—옮긴이.

9) '전후보상' 재판: 권말의 「전후보상 재판 일람」 참조.

마음에 새기는 집회'도 그중 하나다. 이 집회에서는 아시아로부터 일본의 전쟁 피해자를 초대하여 증언을 들어 왔다. 당연히 그 피해 보상이 중요한 문제가 되었다.

1991년 8월 3일·4일에는 도쿄에서 '아시아·태평양지역 전후보상 국제포럼'이 열렸다. 아시아에서 참가한 15명이 피해 보상을 요구하였다. 그러나 일본 정부는 1952년 대일평화조약과 양국 간의 조약 등으로 '배상 완료'되었다고 주장하면서 피해자의 신청을 무시해왔다.

피해자들에게 남은 길은 재판뿐이었다. 국가 간에 이미 '끝난' 배상이라고 하는데, 과연 개인 보상은 가능한 것일까. 변호사·지원자·연구자들이 모두 함께 검토하고 조사하기 시작하였다. 1993년에는 '일본변호사연합회 제36회 인권옹호대회 심포지엄'에서 '일본의 전후보상' 분과회가 조직되었다. 검토 결과, 변호사들은 국가 간의 배상10)은 끝났어도 피해자는 일본 정부에 개인 보상을 요구할 수 있다고 판단하였다.

많은 사람들이 법률상 문제와 피해 사실을 진술하는 기록·증거를 조사하기 위해 노력하였다. 이러한 조사활동으로 법정에서의 증언을 지원하게 되었다. 지원활동을 함께 하면서 일본인도 자신들의 역사를 바로 보기 시

---

10) **배상과 보상**: 패전국은 강화조약을 체결한 국가에 전쟁 비용을 배상하거나 상대국 시민이 받았던 손해에 대해서 배상을 부담하는 전시(戰時) 배상을 한다. 이것은 국가 간의 조약으로 처리되었다. 보상은 국가 간의 배상으로는 해결되지 않는다. 육체적·정신적 피해를 입은 개인에 대해, 패전국의 정부 또는 자국의 정부가 과오에 대한 속죄로서 하는 행위다. 헌법학자 후루가와 준(古川 純)은 일본의 전후보상은 ① 보상법의 공평·공정한 적용 ② 일본군의 행위에 대한 국가책임의 용인, 사죄와 물질적 보상을 의미하는 것이어야만 한다. ③ 그 위에 '과거의 극복'을 의미하는 '속죄'를 포함한 광범위한 것을 지적하고 있다.

작하였다.

1978년 3월 30일, 손진두孫振斗와 할아버지는 원폭 치료를 요구하면서 일본에 밀입국하였다. 그는 피폭자 건강수첩 교부를 요구하였으며, 최고 재판에서 '일본 정부는 조선인 피폭자에 대해서도 보상책임을 가진다'라는 판결이 나왔다. '한일조약'으로 일본 정부는 '배상 완료'가 되었다고 주장하였지만, 법정에서 일본 정부의 국가책임을 인정하는 판결이 나온 것이다.

또한, 1991년 3월 26일 참의원参議員 내각위원회11)에서, 외무성 유럽 아시아국 다카시마高島有終 심의관은 '일소공동선언' 6조12)를 들며, 일본과 소련(당시 소비에트 연방)은 서로 청구권을 포기했지만, 이것은 '우리나라 국민 개인이 소련 또는 그 국민에 대한 청구권까지도 포기한 것은 아니다'라고 답변하고 있다. 소련 국내법상의 제도에 따른 개인 청구권 행사는 가능하다는 견해를 나타내고 있다. 일본 정부는 이 '선언'으로 포기한 것은 국가 간의 배상이고, 시베리아에 억류된 일본인의 강제 노동에 대한 개인 청구권은 남아 있다는 견해를 견지하고 있다.

이러한 정부 견해나 최고 재판의 손진두 판결로부터 일본 정부가 피

---

11) 일본 국회는 중의원(衆議院) 및 참의원(参議院) 양 의원(議院)으로 구성되어 있다. 양 의원은 전 국민을 대표하는 선거로 뽑히며 중의원 의원, 참의원 의원으로 구성되어 있다―옮긴이.
12) 일소공동선언(日蘇共同宣言) 6조: 일소공동선언은 1956년 10월 19일 서명, 12월 12일 발효되었다. 그 내용은 '6조 소비에트 사회주의공화국 연방은 일본국에 대해 일체의 배상청구권을 포기한다. 일본국 및 소비에트 사회주의공화국 연방은 1945년 8월 9일 이래 전쟁 결과로서 생긴 여러 국가, 그 단체 및 국민의 여러 다른 국가, 그 단체 및 국민에 대한 모든 청구권을 상호 포기한다'.

해자의 개인 청구권을 인정했다는 것은 확실하였다. 같은 견지에서 아시아의 전쟁 피해자도 일본 정부에 대해서 보상을 요구할 수 있다고 생각하였다. 1993년 8월, 호소가와 모리히로細川護熙가 수상에 취임하였다. 호소가와 수상은 직후의 기자회견에서 "아시아태평양전쟁은 '침략 전쟁'이었다", "잘못된 전쟁이었다고 인식하고 있다"라고 말하였다. 더욱이 8월 15일의 '전국전몰자추도식'(일본 무도관(武道館))에서는, 호소가와 수상만이 아니라 도이 다카코土井たか子 중의원 의장도 아시아에 대한 가해 책임을 인정하는 추도사를 하였다.[13] '침략 전쟁'이라는 인식을 가진 호소가와 수상과 전후보상 해결에 의욕적인 도이 의장의 등장으로, 아시아 사람들 사이에서도 개인 보상에 대한 기대가 높아졌다.

그렇지만 호소가와 정권 또한 '배상 완료'라는 여태까지의 정부 견해를 답습하였다. 8월 19일 각료 간담회에서 다케무라 마사요시武村正義 관방장관은 '국가 간의 청구권, 배상 문제는 두 국가 간의 조약 등으로 성실하게 대응해 왔으며, 이를 양해 바란다'고 하였다. 수상의 전쟁 인식과 보상에 관한 사고방식이 정부와 다르다는 것을 국내외에 표명한 것이다. 일본만이 아니라 아시아에서도, 호소가와 정권에 기대를 한 사람들이 많았기 때문에 그만큼 실망도 컸다. 전쟁에서 피해를 입은 사람들은 법정에서 싸우는 것 외에 다른 방법이 없어졌다. 이후 계속 전후보상을 요구하는 재판이 일어났다.

13) 도이 다카코 중의원 의장의 추도사: '우리들의 과오에 의해 참담한 희생을 강요받은 아시아 사람들과의 화해를 위해 우리는 손을 내밀지 않았다.'

2장
일본 정부가 '해결 완료'라고 주장하는 배상이란

1. 냉전과 일본의 배상: 미국의 아시아 전략 속에서

보상을 요구하는 재판을 하게 된 원인은 결국 아시아태평양전쟁 중에 일본군이 일으킨 행위다. 중국·필리핀·말레이시아·싱가포르 등에서 주민을 끌어들여 지상전地上戰을 전개한 일본군은 주민을 학살했고 약탈하거나 강간하기도 했다. 점령지에서는 물적 자원을 빼앗았을 뿐만 아니라 노무 동원이나 병력 동원으로 인적자원도 동원시켰다. 일본군이 주둔했기 때문에 연합군으로부터 폭격도 받았다. 일본이 일으킨 전쟁으로 인해 아시아의 많은 사람들이 생명이나 재산을 잃었다. 당연히 국교를 맺을 때 배상이 검토되었다.

국교가 없는 북한(조선민주주의인민공화국)과 국교가 단절된 대만臺灣(중화민국)을 제외하고 배상은 모든 나라에서 끝이 났다. 배상 문제는 '해결 완료'된 것이다. 이것이 일본 정부의 주장이다. 그 주장은 현재도 변함이 없다.

[그림 2-1] 샌프란시스코강화조약에 조인하는 요시다 시게루(吉田茂) 수상

● 샌프란시스코강화조약

14조 a항: 일본국은 전쟁 중에 끼친 손해 및 고통에 대해서, 연합국에 배상금을 지불해야한다는 것이 승인되었다. 그러나 또한 일본국이 존립 가능한 경제를 유지해야만 한다면, 일본국의 자원은 전기(前記)의 모든 손해 및 고통을 완전히 배상하고 동시에 다른 채무를 이행하기 위해 충분하지 않다는 것도 승인되었다.

1. 일본국은, 일본국 군대에 의해 점령되거나 일본국에 손해를 입은 연합국이 희망할 때는 생산이나 침몰선 인양 기타 작업에서 일본인의 역무(役務: 기술, 노동력 등—옮긴이)를 이용할 수 있도록 한다. 연합국에 끼친 손해비용을 보상하기 위해서 당해 연합국과 빨리 교섭을 시작한다. 다른 연합국에 추가 부담을 부과하지 않도록 해야 한다. 또한 원재료를 제조할 경우에는 외국 환율상의 부담을 일본국에 부과하지 않게 하기 위해서 원재료는 당해 연합국이 제공해야만 한다.

[……]

이 조약에서 별도로 정하는 경우를 제외하고, 연합국은 연합국의 모든 배상청구권, 전쟁 수행 중 일본국 및 그 국민의 행동으로부터 생긴 연합국 및 그 국민의 다른 청구권, 아울러 점령 직접 군사비에 대한 연합국의 청구권을 포기한다.

16조: 일본국의 포로로 부당하게 고난을 받은 연합국 군대의 구성원에게 보상을 하는 표현으로서, 일본국은 전쟁 중 중립국이거나 연합국에게 이들의 자산과 등가의 것을 적십자 국제위원회에 건네주고, 동(同) 위원회는 이들 자산을 청산하고, 또한 그 결과 생긴 자금을 동(同) 위원회가 형평성에 따라 포로였던 자, 또 그 가족을 위해 적당한 국내 기관에 분배해야 한다.

배상에는 샌프란시스코강화조약(대일평화조약)과 아시아 4개국 사이에 맺은 배상협정에 의한 것, 그 외 아시아의 여러 나라 사이에 맺은 준배상이라고 불리는 경제협력이 있다.[1]

일본 정부는 '배상 해결 완료'라고 주장하고 있는데, 왜 피해자들은 계속 보상을 요구하는 것일까. 그 엇갈린 견해 차이를 이해하기 위해서는 일본이 어떻게 배상을 하였는지 살펴볼 필요가 있다.

전쟁에 패한 나라가 피해자·피해국에 배상금을 지불하는 것은 역사적으로 드문 일이 아니다. 일본은 청일전쟁에서 이기고 청국淸國으로부터 거액의 배상금을 받아 챙겼다. 이 금액은 3억 5836만 엔(고평은[庫平銀] 2억 냥)으로 1895년도 세출액의 4.2배에 달하는 거액이다.

1차 세계대전에서 진 독일은 83억 7820만 마르크를 전승국戰勝國에 지불하였다. 베르사유조약(1919년)에서는 1320억 마르크라는 거액의 배상금이 결정되었다. 이 천문학적인 배상금의 지불 때문에 피폐해진 독일에서 나치가 대두한 것은 잘 알려져 있는 사실이다. 독일의 배상은 83억 마르크로 중지되었다. 이러한 역사로부터도 전쟁에 패한 나라가 거액의 배상을 요구받는 것은 명확한 것이다.

일본이 수락한 '포츠담선언'(1945년 8월 14일 수락 통고)에는 연합국이 일본으로부터 배상받을 것이 씌어 있다(제11항). 또한 침략 전쟁을 일으킨 책임을 묻는 조항(제10항 '전쟁 범죄인의 처벌')도 있다. 당연히 많은 배상금이 요구되며 전쟁 범죄인이 재판받는 것이 예상되었다.[2]

---

1) 배상협정·준배상: [표 2-2] '아시아 4개국 이외 국가와의 준배상 경제협력 협정 등' 참조.

또한 일본이 항복한 후 미국이 제출한 '초기 대일방침'(1945년 9월 22일)에는 평화산업과 점령군 보급에 필요하지 않거나 현존하고 있는 자본 설비나 시설을 넘겨주도록 지시하고 있다(제4부 배상 및 반환). 일본인이 살아가기 위해 필요한 최소 산업과 점령군에게 필요한 것 이외는 모두 연합국에게 넘겨주도록 요구되었던 것이다.

1945년 11월 13일에 에드윈 폴리Edwin W. Pauley 배상조사단이 일본에 왔다. 조사단은 조사 후 성명에서 "일본 공업은 군사 목적이 압도적으로 강하다. 전쟁에 의해 파괴되었음에도 평상시 경제 수요를 훨씬 넘어설 만큼 남아 있다. 무장을 완전히 해제한다는 것은 이러한 과잉 시설이나 설비를 침략 받은 여러 나라에 넘겨주어야만 한다는 것"이라고 발표하고 있다. 또한 병기兵器와 관련된 공업 시설의 철거 또는 파괴, 일본인의 생활수준이 이들에게 침략을 받은 아시아의 생활수준보다 높지 않도록 할 것 등도 요구되었다. 이 조사단의 '권고'가 실시된다면, 일본의 공업 생산력은 1920년대 중반 수준까지 거슬러 올라갈 것이라고 말할 정도였다. 그렇지만 일본의 점령 경비를 부담하고 있던 미국은 이 많은 일본의 배상금 징수에 동의하지 않았다.

2) **포츠담선언 10항 · 11항**: 10항, 우리들은 일본인이 다른 민족을 노예화하고 다른 국민을 멸망시키고자 한 의도를 가졌다는 것을 비난한다. 우리들의 포로를 학대시킨 자를 포함하여 일체의 전쟁 범죄인에 대해서는 엄중한 처벌을 할 수밖에 없다. 언론 종교 및 사상의 자유 아울러 기본적 인권 존중은 확립되어야만 한다. 11항, 일본국이 그 경제를 지지하고 또한 공정한 실물 배상이 가능하도록 산업이 유지되는 것을 허락한다. 다만 일본국이 전쟁을 위해 재군비를 돕는 산업은 허락할 수 없다. 산업 유지를 위해 원료를 입수(원료 지배와는 구별함)하는 것은 허가한다. 일본국이 장래 세계 무역 관계에 참가하는 것을 허락한다.

1947년 12월 7일, 미국은 클리퍼드 스트라이크Clifford Strike 조사단을 파견하였다. 조사단은 생산설비는 제1차 군사시설을 제외하고 원칙적으로 철거하지 않을 것, 일본인의 생활수준을 1950년을 목표로 하여 1935년경 수준까지 회복시키는 데 의견을 모았다.

1948년 3월 20일, 미국 육군성으로부터 윌리엄 토레이 바 조사단이 파견되었다. 군수시설을 주로 배상하는 것인데, 그 속에서도 평화 목적으로 사용할 만한 것은 남긴다는 방침을 세웠다. 일본의 경제 부흥을 중시하여 배상 지불에 대한 것을 수정하였던 것이다. 토레이 바 조사단의 징수액은 최초 폴리 조사단 안의 4분의 1 정도로 감소된 수준이었다.

GHQ(극동연합군사령부)³⁾와 교섭하고 있었던 대장성 직원 와타나베 다케시渡辺武는 미국이 경제 안정을 위해 지불하고 있었던 대일 원조액이 1946년 미국 회계연도로부터 50년도까지 17억 3400만 달러에 이른다고 하였다(1949~1950년도는 의회 제출원안).

미국이 대일 원조를 하고 있는 한편, 극동위원회(FEC)⁴⁾는 맥아더 연합국군 최고사령관에게 피해를 받은 나라가 일본의 산업시설 일부를 배상

---

3) GHQ(General Headquater for the Allied Powers): 연합국군 최고사령관 총사령부. 1945년 10월 11일부터 52년 4월 28일까지 일본 점령 행정을 담당하였다. 총사령관은 더글러스 맥아더 원수(元帥).

4) 극동위원회(極東委員會): 1946년 2월 26일부터 1952년 4월 28일까지 일본에 점령하여 존속한 최고정책결정기관. 미국·영국·중국·소련·프랑스·네덜란드·캐나다·오스트레일리아·뉴질랜드·인도·필리핀 등 11개국으로 구성되었다. 후에 버마(미얀마)와 파키스탄이 참가. '포츠담선언'은 점령관리체제에 대해 언급하지 않았다. 이 때문에 정책은 워싱턴의 극동위원회가 결정하고, 도쿄에는 자문기관으로서 대일(對日)이사회가 설치되었다.

지불의 전도前度로 받을 수 있도록 지령하였다. 필리핀·네덜란드·영국·중화민국 등 4개국에 넘겨준 시설은 4만 3919대의 공작工作기계, 육해군 공창工廠의 철거, 조선造船, 철강의 접수 등 1억 6515만 엔(1939년 당시의 평가액)에 달하였다.

이렇게 배상의 지불방법이 변경된 가장 큰 원인은 미국의 대일 경제원조에 대한 부담 문제였다. 미국은 일본 경제를 안정시키기 위해 원조를 계속하였다. 그런데 점령이 길어지면서 점령 경비가 커지자 문제가 되었다. 경비는 미국 시민의 세금이다. 트루먼 대통령은 대일 원조가 쓸데없이 사용되고 있다고 판단해, GHQ(극동연합군사령부) 경제고문 독일 공사公使를 파견하여 일본의 재정을 살릴 것을 엄격하게 요구하였다. 또한 1949년 5월에는 중간 배상 징수도 중지되었다. 필리핀은 배상 중지에 항의하였고, 미국에게 무엇인가 '납득할 수 있는' 해명을 요구하였다. 미국이 왜 일본을 우대하는지 필리핀으로서는 곤혹스럽고 이해하기 어려웠다. 미국은 일본이 배상금을 지불한다면 일본 경제가 살아날 수 없을 것이고, 그렇게 되면 언제까지나 미국이 일본을 원조해야 할 것이라고 생각했다. 미국으로서는 그것이 큰 문제였다.

1949년 7월 4일 미국 독립기념일에, 맥아더는 일본은 공산주의의 진출을 막는 방벽이라고 연설하고 있다. 이해 여름을 경계로 일본의 평화 문제 논의는 변화되었다. 전후 처리와 방위 문제가 밀접하게 연결되어 인식되면서 '평화조약'이 안보조약과 일체로 생각되기 시작하였다.

냉전이 격화되면서, 아시아의 안전보장을 중시한 미국은 모든 교전국에 배상청구권을 포기하도록 요구하였다. 한국전쟁이 시작된 후 미국은 '대일강화 7원칙'5)(1950년 11월 24일에 전문을 공표)에서 모든 교전국이 배상청구권을 포기할 것을 호소하였다. 미국이 일본의 배상 지불을 경감하고자 움직인 것이다. 그것은 일본 외무성이 '우리나라로서는 꽤 유리한 형국'이라고 안도할 정도로 일본 경제 부흥에 주안점을 둔 것이었다. 아시아의 냉전이 일본의 배상 지불에 유리하게 작용하였다.

그렇지만 그것은 미일안전보장조약美日安定保障條約 체결과 맞물려 있는 것이었다. 배상의 경감과 미군기지의 제공 및 오키나와沖繩의 분리는 동전의 양면 관계였다.

2. 연합국의 배상청구권 포기: 필리핀은 저항했다

전쟁 상태 종결 후, 일본은 국교를 회복하기 위해 1951년 9월 8일 미국의 샌프란시스코에서 '평화조약'을 조인하였다. 조인국은 49개국이 넘었다.

'평화조약'의 초안은 미국의 주도로 기초가 만들어졌다. 덜레스John Foster Dulles 국무성 고문이 초안을 가지고 필리핀·오스트레일리아·영국을 방문하였다.

---

5) 대일(對日)강화 7원칙: 1950년 9월 미국이 대일강화를 진척시키기 위해 발표한 7항목을 말한다. 한국전쟁이 시작되고 냉전이 격화된 가운데, 소련은 대일강화 문제에 대해 다음과 같은 조건을 내걸었다. 강화 예비회의를 거부권이 있는 외상회의 방식으로 할 것, 중국 정부가 출석할 것, '천황'제를 폐지할 것, 미군을 철퇴시킬 것 등이었다. 이것에 대하여 미국이 소련의 동의 없이도 강화를 추진할 수 있다는 방침을 내어 7항목을 발표하였고, 연합국과의 협의에 들어갔다. 7항목은 ① 대일강화의 당사국 ② 일본의 UN(국련[國聯]) 가맹 ③ 영토 ④ 안전보장 ⑤ 정치적 통상적 결정 ⑥ 청구권 ⑦ 분쟁 해결이 이에 속한다.

덜레스는 오스트레일리아에서 일본에 대한 강렬한 증오를 보았다고 말했다. 오스트레일리아에서는 2만 2,000명이 일본군의 포로가 되었고 세 사람 중 한 사람이 사망했을 정도로 비참한 체험을 했기 때문에 일본에 대한 증오가 강하게 남아 있었다.

주민을 끌어들여 지상전으로 싸웠던 필리핀에서는 키리노Quirino 대통령이 마닐라보다 일본의 이익을 우선시하고 있다고 불만을 토로했다. 키리노 대통령 자문위원회는 일본이 전쟁 중에 필리핀에 끼친 피해가 인명 손실(약 16억 7,000만 달러), 재산상 손해(약 8억 1,000만 달러), 징발된 물자 및 노동력의 임금분(약 55억 2,000만 달러)까지 합계 80억 달러로 추정하였다. 그 금액의 타당성은 별도로 하더라도 이것이 일본에 대한 필리핀의 감정이었다. 점령 중의 피해만이 아니라, 전후戰後 산중에 피해 있던 일본병에 의해 살해된 주민도 있었다. 많은 주민이 살해된 필리핀으로서는 일본에 몇 가지 방법으로 이 금액의 일부를 지불 받는 것이 '절대적으로 필요하다'고 주장하였다.

덜레스는 필리핀 측의 '도의적 정당성'을 인정하면서도 배상이 일본에게 경제적 부담을 준다는 것을 문제로 삼았다. 하지만 필리핀의 동의를 얻어야만 했다. 이에 따라 미국은 배상 조항을 다음과 같이 수정하였다.

일본은 모든 배상이 면제되는 것이 아니라, 일본의 침략에 의한 희생자에 대해 역무(役務)를 제공하는 것으로서 전쟁에 의한 피해를 보충할 수 있다.

초안에 일본의 배상지불 의무조항을 넣을 수 있었던 것은 선두에 서

서 저항한 필리핀 덕택이었다. 다만 금
전에 의한 배상을 요구했던 필리핀에
서는 미국 측의 양보에도 만족하지 않
았다.

1951년 3월 23일, 미국과 영국 사이
에 '미영 공동 초안'이 작성되었다. 같
은 해 6월 런던에서 열린 회담에서 영국
이나 오스트레일리아 등 연합국의 옛
포로 보상에 관한 조문(제16조)이 삽입되
었다. 영국에서도 '태면철도泰緬鉄道'[6]

[그림 2-2] 태면철도의 위령비(비문)
타이의 칸차나부리(Kanchana Buri)에 있다.
전쟁 중에 철도대가 건립하였다.

로 상징되는 것과 같이, 일본군 포로가 된 많은 병사들이 사망하였다.
포로들에 대한 보상 없이 일본과 국교를 회복하는 것 등은 도저히 용서할
수 없는 상황이었다.

일본이 배상금을 지불하는 것을 승인하는 조항(제14조·16조)이 들어 있는
초안이 정리되었다. 그러나 동시에 연합국이 배상청구권을 포기하는 것,
일본의 자원은 현재 모두 배상하거나 다른 채무를 이행하기에는 충분하

6) 태면철도(泰緬鉄道, Thai-Burma Railway): 1942년 11월부터 43년 10월에
일본군이 부설하였다. 타이의 칸차나부리와 버마(미얀마)의 탄비자야
를 잇는 연장 415킬로미터의 철도. 버마에 주둔하고 있는 군대에 물자를
보급하기 위해 서둘러 건설하였는데 '죽음의 철로'로 불릴 정도로 많은
사람이 죽었다. 연합국의 포로 약 6만 명 가운데 약 1만 2339명이 사망하였
다. 10만 명이라고도 하고 20만 명이라고도 하는 아시아 노무자 가운데,
3만 3000명에서 6만 명이 사망하였다고 전해지지만, 그 정확한 숫자는
알 수 없다. 영화 "콰이강의 다리"(일본명: 전장[戰場]에 만들어진 다리)의
무대로도 되었다.

[그림 2-3] [그림 2-4] 태면철도

지 않다는 것도 승인하고 있었다.[7] 이 조항 내용에 필리핀은 물론 일본군
의 침략을 받은 동남아시아의 여러 나라들은 강한 불만을 가지고 있었다.

　　1951년 9월 5일, 샌프란시스코의 오페라하우스에서 대일강화회의
총회가 열렸다. 총회에서는 일본이 국제사회에 복귀하는 데 빠질 수 없는
중화인민공화국·중화민국의 어느 한쪽의 대표도, 또한 조선민주주의인

---

7) 샌프란시스코강화조약 제14·16조: 36페이지 '샌프란시스코강화조약'
내용 참조.

민공화국·대한민국의 어느 한쪽의 대표도 초청되지 않았다. 더욱이 전후 처리에 힘을 써야만 하는 이들 국가와의 배상이 처리되지 않은 채 회의가 열렸다. 당연히 중화인민공화국은 '평화조약'에 반대하고 있었다.

미국 대표 덜레스는 총회에서 '일본의 침략이 아주 큰 손실과 고통을 불러일으켰다'면서, '출석한 정부는 '수십 억 달러에 달하는 청구권'을 가지고 있다. 특히 회의에는 초청되지 않았지만, 중국(중화인민공화국·중화민국)이 요구할 수 있는 '적절한 금액은 1,000억 달러'라는 견적을 낼 수 있다'고 말하고 있다. 한편 '일본은 국민의 생존을 위해 식량도 원료도 수입해야만 했고, 그 대금은 20억 달러로도 부족하다. 미국은 이미 거액의 점령 경비를 지불해 왔다. 이 이상 일본의 배상금까지 지불하고 싶지는 않다'고 연설하고 있다.

이 같이 덜레스 연설에서도 중국(중화인민공화국·중화민국)을 비롯하여 연합국이 일본에 배상청구권을 가지고 있다는 것을 확인할 수 있다. 그러나 미국의 속내는 일본이 배상금 지불 때문에 경제 부흥이 늦어지고 있고, 그로인해 미국의 부담이 증대되기 때문에 그러한 상황은 피하고 싶다는 것이었다. 미국은 일본이 그들의 원조를 받지 않는데서 더 나아가 아시아의 배상 요구에 어느 정도 대응하고, 더불어 일본의 생산력을 높인다는 1석 3조를 노린 배상 지불 방식을 선호했다. 그것이 역무·생산물 제공·가공 배상인 것이다.

같은 해 9월 8일에 '평화조약'은 조인되었고, 몇 시간 뒤에 미일안전보장조약이 조인되었다. 당시 외무성의 조약국장으로서 교섭에 임하고 있던 니시무라 구마오西村熊雄는 귀국 후 선배 대사에게 '안보조약과 평화조약 중에 어느 쪽이 먼저 성립된 것인가'라고 질문을 받았다고 한다. 이 두 조약은 어느 쪽을 먼저 서명해도 이상하지 않을 정도로 끊으려야 끊을 수 없는 관계였던 것이다. 미국은 일본에 유리한 형태로 배상을 변경하였고, 일본은 안보체제를 선택했다. 냉전 중에 미국이 극동지역에 안전보장체제를 우선으로 한 것이 일본의 아시아에 대한 배상지불액이었으나 그 방식마저 변화시켰던 것이다. 이것이 피해자에 대한 개인 보상의 길을 끊어버린 한 원인이다.

3. 아시아의 불만과 불안

아시아의 대표는 금전 배상에 불만이 많았다. 버마(현재의 미얀마)는 배상 지불이 확실하지 않은 것에 실망하여 회의에 불참하였다. 인도도 불참하였다.

필리핀 대표는 배상 조항 14조 a항에 불만의 뜻을 분명히 표명하였다. 일본의 1950년 1인당 국민소득은 피해를 받은 아시아의 어느 국가보다 높았다고 지적했다. 일본이 배상을 지불하기 위한 네 가지 조건[8]을 인정한다고 해도, 배상을 '역무'라는 방식으로 제한하는 것은 반대하였다. 이것은 '역무'를 요구하는 측이 일본의 공업기계에 대한 원료공급자가 되는

---

8) 배상 지불의 네 가지 조건: 존립 가능한 경제 유지, 다른 채무의 이행, 연합국의 추가 부담을 피한다. 외국 환율의 부담을 일본에 부과하는 것을 피한다(이 조건은 미국의 정책 변화로 인해 세워진 것으로서, 미국이 일본의 전쟁 배상금에 대한 지원을 실질적으로 줄이고 일본 경제를 1930년대 수준으로 올리기 위해 취한 정책이었다—옮긴이).

[그림 2-5] 인도네시아 중부 자바 스마란, 카리반텐 묘지
[그림 2-6] 반콩 소년 억류소에 수용되어 있던 소년의 동상

종속적인 위치에 서게 될 것을 예상했기 때문이다. 필리핀 대표는 서명을
했지만, 국회에서 조약 비준이 거부되어 1956년에 가서야 겨우 비준되기
에 이르렀다. 필리핀이 일본에 종속적인 관계가 될 것이라는 지적은 그
후의 배상 교섭에서 현실화되었다.

인도네시아 대표는 400만 명의 인명 손실과 수십 억 달러의 물질적 피해
를 받았음을 언급했다. 일본이 '당장은' 인도네시아가 요구하는 배상금을
지불하지 않을 것임을 알겠지만, 그래도 14조는 만족할 수 없다 하여 수정안
을 제시하였다. 결국 인도네시아 국회는 조약의 비준을 무기한 연기하였다.

'평화조약'에는 중화민국이나 중화인민공화국 중 어떤 중국도 참가할
수 없었는데, 일본은 조문에서 중국이 '권익을 포기'(제10조)했다고 쓰고 있다.

중화민국(대만)은 거액의 개인 보상을 요구할 뜻을 가지고 있었다. 일
본과 중화민국과의 교섭은 '평화조약'이 조인되어 발효될 때까지인 1952
년 2월 20일부터 4월 28일까지 약 2개월에 걸쳐 계속된다. 일본은 중화민
국이 처한 '약한 입장', 즉 대륙에 만들어진 중화인민공화국을 지배할 수

없다는 것을 승인하면서 교섭에 임하고 있었다.

중화민국 측은, 중화민국이야말로 중국을 대표하는 정부라는 것을 인정해 달라고 했다. 이런 이유로 일본은 배상금을 포기시키고자 하였다. 시종일관 교섭의 주도권을 가지고 있었던 것은 일본이었다. 중국 대륙에 있는 일본 자산은 수백 억 달러에 달하므로 이것으로 중화민국에 대한 보상은 족하다고 주장하였다.9) 이 수치는 너무나 애매하고 그 근거조차 제시되지 않았음에도, 중국 대륙의 자산은 중화민국 측도 법적 효과를 미칠 수 없는 부분이었기 때문에 엄격하게 추궁하지 않았다. 이렇게 되자, 일본은 더욱이 '평화조약' 제14조를 넘어서서 조문에서 배상 조항 그 자체를 삭제하고자 하였으며 배상받는 것을 완전히 포기하도록 몰아쳤다. 최종적으로 중화민국이 '자발적'으로 배상금 포기를 선언하고, 중·일 '평화조약'에는 '배상' 문구가 완전히 빠진 채 조약된다.10)

하지만 당시 이 조약은 중화민국(대만)이 현실적으로 지배하고 있는 지역과 일본 사이에만 적용되는 것이고, 중화인민공화국 정부 지배하에 있는 지역에는 아무런 법적 효과를 미칠 수 없는 것이었다. 중국 대륙

9) **일본의 재외 재산**: 외무성은 1947년 7월 5일자 「재외 재산의 배상처리에 관한 건」에 기초하여 일본의 재외 재산을 정리하고 있다. 55페이지의 [표 2-5] 참고.

10) **중화민국(대만)의 청구권**: 일본국과 중화민국 사이의 '평화조약'(1952년 4월 28일 조인, 동년 8월 5일 발효) 의정서에서 중화민국은 배상을 포기하고, 청구권 문제는 '특별 결정 주제로 한다'고 결정하였다. 그러나 문제가 해결되지 않는 가운데 일본은 중화인민공화국과 '중일공동성명'에 서명하였고, 중화인민공화국을 중국의 '유일한 정부'로 인정했다. 일본은 중화민국과 맺었던 일화조약(日華條約)을 1972년 9월 29일 일방적으로 '종료'하고 말았다. 그 때문에 청구권 문제는 미해결된 상태였다.

전체의 전쟁 상태 종결·배상 문제는 미해결된 채로 남겨진 것이다. 초대 대사로서 중화민국에 부임한 요시자와 겐키치芳沢謙吉의 자서전에는 배상 문제가 전혀 다뤄지지 않았다. 뿐만 아니라 지앙지에스蔣介石는 친일親日 집안이고 일본의 '천황'제에 특별한 경의를 가지고 있어, 1943년 11월 카이로회담에서 루스벨트 대통령이 '천황'제 폐지를 주장하였지만 이에 강하게 반대하여 루스벨트의 주장이 회의에서 채용되지 않았다고 씌어 있다. 배상금을 포기할 수밖에 없었던 중화민국 측의 고뇌에 대해서는 한마디도 씌어 있지 않다. 여전히 배상을 포기하도록 압력을 넣은 미국은 중화민국에 군사·경제 양면에서 막대한 원조를 하였다.

중화인민공화국은, 1972년 9월 29일 '중일공동성명'에서 배상을 포기하고 있다.[11] 일본은 중화민국(대만)에도 중화인민공화국에도 단돈 1엔의 배상금도 지불하지 않고 국교를 회복한 것이다.

4. 아시아에 대한 배상

중화민국만이 아니라 아시아 각국은 일본에 금전으로 배상할 것을 요구하였지만 실현되지 않았다.

일본이 배상협정을 체결한 것은 버마(미얀마)·남베트남·필리핀·인도

---

11) **중화인민공화국의 배상 포기**: 일본과 중화인민공화국은 '중일공동성명'을 1972년 9월 29일에 서명, 중화인민공화국을 중국의 유일한 정부로 승인하여 국교를 회복했다. 공동성명에서 중국 정부는 '일본국에 대한 전쟁 배상 청구를 포기할 것을 선언한다'(제5항)고 하였다. 이 공동성명에서 포기된 전쟁 배상에 개인배상청구권을 포함할 것인지 말 것인지가 문제가 되었다.

[그림 2-7] 1956년 5월 9일 조인된 필리핀의 배상협정
사진은 11월 30일 일본의 외무성에서 서한을 교환하는 모습

네시아다. '평화조약' 조인 3년 후인 1954년 겨우 버마와 배상협정이 성립
되었다. 샌프란시스코회의에 결석한 버마와의 배상협정에는, 10년간 연
평균 72억 엔, 총액 720억 엔(약 2억 달러)의 생산물과 역무를 제공하기로
하였다. 생산물은 발전소·트럭·버스·승용차의 조립계획, 가정용 전기기
구의 조립계획 프로젝트 등이다.

일본은 금전배상을 요구하고 있던 필리핀과의 배상협정(1956년)에서
버마의 27.5배의 배상액, 1,980억 엔(5억 5,000만 달러)을 20년에 걸쳐 제공하
기로 하였다. 최초의 약 80억 달러라는 요구가 10분의 1 이상이 되었고,
그것도 20년 동안 지불하는 것이었다. 전기통신시설의 확장개선계획,
필리핀 철도 카가얀Cagayan 노선 연장, 마리키나Marikina River댐 건설계획
등이 배상을 담보로 한 차관으로 이루어졌다.

1958년 일본과 인도네시아의 배상협정에서는 총액 803억 880만 엔(2

[표 2-1] 일본의 전후 처리	
구분	**금액(엔)**
배상	364,348,800,000
무상공여	260,367,600,000
차관	448,776,000,000
각종 요구	약 21,070,000,000

아시아 지역 이외에의 배상·준배상을 포함. 배상과는 법적 성격을 달리하는 전후 처리를 포함.
(출전: 일본 국립국회도서관 조사)

억 2,308만 달러)을 12년간 지불하고자 하였다. 인도네시아는 당초 180억 달러를 요구하였다. 지불 방식은 선박, 호텔의 건설, 순시정巡視艇, 무시강 Musi River(인도네시아 수마트라섬 남동부를 흐르는 강. 약 520킬로미터―옮긴이) 가교 공사, 펄프 공장, 아파트 건설 등으로 하고 배상담보의 차관으로 행해졌다.

베트남에는 17도선을 기준으로 남북으로 분단된 2개의 정부가 있었는데, 일본은 남쪽의 고딘디엠Ngo Dinh Diem 정부와 1959년에 배상협정을 맺었다. 총액 140억 4,000만 엔(3,900만 달러)을 지불하기로 정하고, 다님Da Nim댐 수력발전, 제지 공장, 관개 공사 등이 행해졌다. 조약에 의한 배상은 이 4개국으로 끝났다.

캄보디아 대표는 샌프란시스코강화회의 석상에서 전쟁으로 입은 피해에 대한 배상을 요구할 수 있다는 입장을 말하고, 될 수 있는 한 신속하게 배상협정을 맺을 것을 희망하였다. 그러나 결과적으로는 배상청구권을 포기하고 15억 엔의 경제·기술협력 협정을 맺었다. 다른 아시아 각국과의 배상도 경제·기술을 협력하는 준배상 형태를 취하고 있었다.

어떤 경우든 일본의 배상은 경제협력이나 무역 형태로 변화하였고,

[표 2-2] 아시아 4개국 이외의 국가와의 준배상·경제협력 협정 등

상대국·내용	조인년도	금액(엔)
타이 특별 해결 협정	1955, 1962	19,200,000,000
네덜란드 사적 청구권 의정서	1956	3,600,000,000
라오스 경제협력 협정	1958	1,000,000,000
캄보디아 경제협력 협정	1959	1,500,000,000
한국 청구권·경제협력 협정	1965	108,000,000,000
싱가포르 67년 협정	1968	2,940,000,000
말레이시아 67년 협정	1968	2,940,000,000
미크로네시아에 관한 미일 협정	1969	1,800,000,000
몽골 경제협력 협정	1977	5,000,000,000
대만 전몰자 조위금	1988	56,000,000,000

아시아의 피해자 손으로 들어가야 할 배상금이 공장이나 다리, 호텔이라는 형태로 변화되었다. 공사를 수주하는 것은 일본 기업이었고, 일본인 기술자가 역무를 제공하고, 일본 공장에서 가공된 기계 등이 상대국으로 보내졌다. 그런데 원료가 일본에 없을 때는 요구하는 국가가 그것을 제공해야만 하였다. 일본은 상대가 요구하는 것을 일본에서 생산하고 가공한다. 그것이 일본의 생산력을 높이는 계기가 되었다.

일본이 보유한 외화는 1955년에 약 7억 달러, 1960년에도 약 18억 달러에 불과하였다. 배상은 일본이 '존립 가능한 경제'를 유지하는 것을 대전제로, '지불 능력'의 범위에서 생산력과 역무로 지불하였던 것이다. 귀중한 달러를 쓰지 않고, 물건과 사람을 활용하여 해결한 배상 지불이 일본에 얼마나 유리한 것이었던가는 충분히 상상할 수 있다.

일본의 배상은 '장사'이고, 형태가 변화된 '무역'이라고 말해진다. 중의원 주임 조사원으로서 배상을 담당했던 도쿠다케 지카라德嵩力는, 일본

[그림 2-8] 오스트레일리아인 옛 포로가 그린 일본군 병사

이 배상으로 지불한 금액은 7,148억 엔이고, 국민 1인당 부담액은 약 8만 8,000엔에 이른다고 지적하고 있다(1994년 6월 2일, 도쿄 중앙로타리 클럽에서 도쿠다케 씨의 강연).

　이처럼 일본에 유난히 관대했던 배상의 배경은 냉전의 선물이다. 냉전의 은혜를 입게 된 것은 일본이었다. 그러나 일본 정부가 한시름 놓고 지불한 배상금이 아시아 피해자들에게는 '원망하는 마음'을 남기게 된 것이다. 전후보상 요구는 아시아 각국이 강하게 요구하였던 금전 배상의 포기에서 발생한 문제이기도 하였다. 냉전 구조가 붕괴된 후에 아시아로부터 보상을 요구하는 움직임이 나온 것도 우연이 아니다.

　또한 '평화조약'에는 일본이 배상을 지불하되 '현재 충분하지 않다는 것이 승인된다'라는 조건이 붙어 있다. 일본은 이제 경제대국이 되어 충분히 배상할 수 있는 힘을 가지고 있고, 걸프전(灣岸戰爭)에 130억 달러도 내놓을 수 있게 되었으니 피해자들은 다시 보상을 요구하게 된 것이다.

5. 보상금을 받은 사람들: 연합국 포로와 민간인의 경우

개인 보상을 받은 사람들도 있다. 영국은 미국과 초안을 협의할 때, 전시 포로Prisoner of War(P.O.W로 약칭)에 대한 개인 배상 조항(16조)을 삽입시켰다. 이 조항이 없었다면 영국도 국민의 이해를 얻을 수 없었기 때문이다. 일본에서는 그다지 관심을 가지지 않았지만, 연합국에서는 일본군의 포로 학대가 커다란 관심사였다. '포츠담선언'에서는 포로를 학대한 사람을 엄격하게 다스리는 조문이 들어 있다(제10항).

오스트레일리아 대표도 정부·국민의 특별한 관심사는 포로에 대한 보상을 결정한 제16조라고 말하고 있다.

연합군은 일본군의 포로 학대에 대해서 두 가지를 요구하였다. 하나는 학대한 자의 처벌, 다른 하나는 배상이다. 처벌은 극동국제군사재판(일명 '도쿄재판', 이하 '도쿄재판'으로 약칭)과 이전에 일본군이 점령한 지역 및 요코하마橫濱에서 열린 BC급 전범재판에서 학대 책임자와 실행자를 엄히 재판하는 것으로 실현하고 있다. '도쿄재판'에서는 일본의 전쟁 책임이 심리되었다. 판결문에서는 미국과 영국연방의 포로 13만 2,134명 가운데 3만 5,756명이 사망하였다고 지적되어 있다. 포로 4명 중 1명이 사망한 것이다.[12]

각 연합국에서는 배상이 없으면 국내 여론을 진정시킬 수 없는 상태

---

12) **일본군의 포로 취급**: 미국의 옛 억류자 단체(The center for Civilian Internee Rights, Inc. 각국의 옛 포로들과 시민들이 만든 민간 단체의 모임 —옮긴이)가 작성한 자료에 의하면, 옛 포로들이 전후보상을 요구하는 재판을 행한 1994년 12월 현재까지, 일본국의 포로가 된 미국인 병사 3만 3,587명 가운데 1만 2,526명(37.3%)이 사망하였다. 일본군이 포로를 심하게 취급한 것은 전후의 생존율에도 반영되어 있다.

[표 2-3] 옛 연합국 각국 정부에 의한 옛 일본군 포로 · 민간 억류자에 대한 지원금

캐나다	2만 4,000캐나다달러(약 184만 엔, 1999년)
영국	1만 파운드(약 160만 엔, 2000년)
네덜란드	3,500길더(약 16만 엔, 2001년부터)
뉴질랜드	3만 뉴질랜드달러(약 153만 엔, 2001년 4월 발표)
노르웨이	10만 크로네(약 130만 엔, 2001년 5월 회의 승인)

[표 2-4] 16조에 의해 배상을 지불한 국가별 옛 포로 수(단위: 명)

국가	포로 수
오스트레일리아	22,415
벨기에	3
캄보디아	42
캐나다	1,737
칠레	1
프랑스	10,442
노르웨이	4
뉴질랜드	119
파키스탄	19,872
네덜란드	42,233
필리핀	44,055
영국	58,175
시리아	1
베트남	4,500

적십자국제위원회, 「옛 연합국 원포로 보상을 위한 적십자 국제위원회의 활동보고」

[표 2-5] 일본의 재외 재산

구분	금액(엔)
조선	70,256,000,000
대만	42,542,000,000
중화민국 동북	146,532,000,000
중화민국 북부	55,437,000,000
중화민국 중부 · 남부	36,718,000,000
기타(사할린 · 남양 기타 남양 지역, 구미제국)	28,014,000,000
합계	379,499,000,000(23,681,000,000달러)

재외자산조사회 조사, 「아국재외재산평가액추계(我國在外財産評價額推計)」, 1945년 8월 15일 현재.
조선은 현재의 남북한을 합친 지역이다.

였다. 덜레스가 말한 바와 같이 그 증오는 격렬했고, 배상이 없는 상태로는 조약을 비준할 수 없었다.

미국은 이미 압류한 일본의 재산 수익으로 포로들에게 상당한 배상금을 지불하였다. 영국이나 오스트레일리아, 네덜란드는 압류한 재산이 충분하지 않았기 때문에 정부에 의한 배상은 없었다. 그 때문에 포로들이 손해배상을 주장하였다. 연합국은 '평화조약'으로 일본의 재외 재산13)을 압류하여 유치·청산하는 권리를 승인하고 포로에 대한 배상을 실시하였다.

배상을 위해 처분할 수 있는 일본의 재외 재산은 중립국이나 옛 적국敵國에 있던 자산이다. 타이에 있었던 자산을 처분한 돈과 일본 정부의 지불금을 합친 금액 약 450만 파운드(약 59억 엔)를 적십자 국제위원회에 넘겨주었다. 적십자 국제위원회는 이것을 1956년과 1961년에 14개국의 옛 포로들에게 분배하였다. 영국 포로들의 대리인 마틴 데Martin de 변호사에 의하면, 영국에서는 75.5파운드(당시 1파운드 1008엔)를 지불했는데 이것은 '영국 정부의 행동 일부로서 주어진 돈에 불과하다'고 한다(「도쿄신문」, 1995년 1월 27일자).

이 책의 권말 부록에 제시해 놓은 「전후보상 재판 일람」14)의 34번 재판은 이들 옛 포로들이 건 재판이다. 새롭게 제소한 것은 일본으로부터 응분의 보상을 받기 위한 것이라고 주장하고 있다.

일본 정부가 계속 사죄의 뜻을 표명하는 보상을 하지 않는 가운데, 2000년 11월 7일 영국 정부가 옛 포로·민간 억류자의 유족 1만 6,700명에

---

13) 일본의 재외 재산: 55페이지의 [표 2-5] 참조.
14) '전후보상' 재판 일람: 이하 소송명은 표에 지정된 번호로 표기한다.

게 한 사람당 1만 파운드(약 160만 엔)를 구제조치로서 지불할 것을 발표하였다.[15]

네덜란드 대표는 강화회의 총회에서 제14조로는 국민에게 승인 받을 수 없다고 연설하고 있다. 또한 제14조b항 연합국의 '청구권' 포기에 대해서는 조약이 발효되어도 개인적 청구권은 존재한다는 견해로 서명하였다. 인도네시아를 식민지로 지배하였던 네덜란드에서는 일본군에 의해

[그림 2-9] 네덜란드에서 발행된 전후 40년 기념우표. 이 우표에는 전쟁의 기억이 묘사되어 있다. 그림의 오른쪽은 태면철도, 왼쪽은 인도네시아에서 억류된 네덜란드인 여성들로, 이들에게 강제로 머리 숙여 절하도록 하였다

강제 수용된 체험을 가진 여성이나 아이들이 있었다. 일본군의 대우는 나빴고, 13만 5,000명 가운데 20%에 달하는 2만 7,000명이 억류 중에 사망하였다. 또한 영양실조나 공포감으로 인해 정신적·육체적인 후유증을 잃는 사람도 많았다. 재산 피해도 전쟁 전 계산으로 무려 20억 달러에 달한다고 했다. 네덜란드 정부로서는 그 배상 문제를 어떻게 해서라도 해결할 필요가 있었다.

이를 위해 네덜란드와 일본은 민간인 배상 문제를 회의장 밖에서 해결하고자 하였다. 요시다 시게루吉田茂와 네덜란드 대표 사이에 교환된

---

15) **각국 정부에 의한 옛 포로에의 보상(지원금)**: 캐나다, 영국에 대해 2001년에는 뉴질랜드, 노르웨이, 네덜란드가 보상금 지불을 발표하였다. 더욱이 오스트레일리아도 보상금 지불을 표명하고 있었지만 상세한 것은 미정이었다. [표 2-3] 참조.

서한에서는, 일본 정부가 네덜란드 국민에 끼친 고통에 대한 동정과 유감의 뜻을 표명하기 위해 1,000만 달러에 상당하는 파운드를 위문금으로서 '자발적'으로 제공하기로 하였다. 이것이 '요시다·스티카 협정'(1951년 9월 7일)이다. 이 협정은 '신사紳士 협정'이고, 일본의 '도덕적 의무moral obligation'에 불과하기 때문에 네덜란드에서는 배상 지불을 요구할 강제력이 없었다. 이렇듯 일본은 보상 교섭에 적극적으로 응하지 않으려고 하였다.

일본은 보상 교섭에는 응하지 않으면서도, 네덜란드 측에 전쟁 재판에서 유죄 판결을 받은 일본군 전범의 석방을 요구하였다. 일본 정부는 '평화조약'에 기초하여, 연합국의 전쟁 재판에서 전쟁 범죄인으로 판명된 '일본 국민'의 형을 집행하게 되었던 것이다. 그러나 그 가석방假釋放·석방釋放에는 재판국의 결정이 필요하였다(제11조).

네덜란드는 일본인의 석방·가석방에 동의하지 않았다. 네덜란드 민간인 피해자에 대한 보상 문제를 해결하지 않고 전범 석방에 응하는 것은 국민 감정상 용서할 수 없는 것이었다. '평화조약'이 이루어졌을 때 스가모형무소에 구류되어 있던 네덜란드 재판에서 판결 받은 전범은 217명이다. 미국이나 오스트리아나 영국 재판의 전범이 점차 가석방되는 가운데 네덜란드 재판의 전범들은 석방이 늦어졌다. 네덜란드 주재 일본 대사는 시게미쓰 마모루重光葵 외무대신 편에 '보상 문제 해결이 전범 문제 해결을 촉진하는 것임은 우선을 다툴 수 없을 만큼 당연하다'고 전하고 있다.

미국의 중재를 받은 일본은 1,000만 달러(약 357만 파운드, 약 36억 엔)를 매년 200만 달러씩 5년간에 걸쳐, 스털링파운드sterling pound로 지불하는 안을 내어 1956년 겨우 쌍방이 합의하였다.16) 이것은 네덜란드 국민의 고통에 대한 동정과 유감의 뜻을 표명하기 위한 격려금이었다. 그러나 이 금액은 1명당 약 91달러(3만 2,760엔)에 불과하다. 식민지에서 자신들이 축적해 온 재산을 모두 잃은 사람들로서는 너무나 적은 액수이므로 이들은 만족하지 않았다. 그러나 의정서에는 금후 '어떠한 청구도 일본 정부에 제기하지 않을 것'(제3조)이 명기되었다.

이와 같이 '평화조약'에서는 아시아 사람들의 손해에 대해서 금전에 의한 배상을 일체 인정하지 않았으나, 연합국의 포로와 억류된 민간인들에게는 소액이지만 금전 배상을 인정하였다. 그러나 그 금액 또한 보상이라 부르기에는 너무나 적은 금액이었다. 옛 포로와 억류자들도 계속 보상을 요구하는 재판을 걸었다.

일본의 재판소가 이들의 청구를 거절하고 있는 한편, 2000년 12월 12일에 네덜란드 정부는 16개의 전쟁 피해자 단체로 구성된 '인디쉬 랏 포럼Indish Rat Forum' 중에 인도네시아에 있었던 옛 포로와 민간인 약 10만 명에 대해 총액 3억 8,500만 길더Guilder(약 192억 5000만 엔)를 지불할 것을 합의했다.

16) **일본과 네덜란드의 합의**: 네덜란드 국민이 어떤 종류의 사적 청구권에 관한 문제를 해결하기 위하여 합의한 일본국 정부와 네덜란드 왕국 정부 사이의 의정서(1956년 3월 13일 서명, 6월 1일 발효). 더욱이 교섭 과정은 2005년 2월에 공개된 제19회 외교 기록 문서에 포함되어 있다.

3장

식민지 출신자에 대한 차별적인 대우

1. '조위금'이라는 '돈' : 대만의 옛 일본병 재판

피해자 개인에게 목돈을 지불한 예로는 대만의 옛 군인·군속의 전상병자·전사자 유족에 대한 200만 엔의 위로금이 있다.

중화민국(대만)은 배상을 포기했지만 식민지 지배 처리에는 많은 문제가 남아 있었다. 청구권에 대해서는 '특별 결정'한 것임에도, 문제가 해결되지 않은 가운데 중화민국과의 국교가 단절되어 버리고 만 것이다.

1972년 9월 29일 '중일공동성명'으로, 일본은 중화인민공화국을 중국의 '유일한 합법정부'로 인정하였다. 그 때문에 일본과 중화민국과의 국교는 단절되었고 대사관은 폐쇄되었다. '중일조약'은 식민지 지배에 대한 처리 문제를 남긴 채 종료되었다. 그 후 '국가'가 아닌, '대만'이라는 하나의 지역 차원에서 교류를 계속했는데, 그 대만에서 식민지 미처리 문제가 제소된 것이다. 권말 부록의 표 2·5·6·8·50·54·61번이 대만

관계의 재판인데, 그 가운데 2·5·6·8번은 국교가 단절된 가운데 재판을 건 것이다. 미불 급여·군사우편저금[1]·전시저축채권 등이다. 더욱이 '대만 확정 채무 지불'[2]은 1995년 4월부터 5년간 진행된 것이다. 채무액을 120배로 받았지만, 물가 상승에 따르지 않는 배율이라 하여 신청을 거부한 사람도 있다. 후생성에 의하면 대상은 8만 4,000건, 그 가운데 지불된 것은 3만 8,272건(99년 7월 말 당시), 지불은 2,000건 3월로 마감되었다.

재판에서는 원 대만인 일본병의 처우가 주목된다. 1974년 12월 26일, 인도네시아의 모로타이Morotai섬에서 나카무라 데루오中村輝夫 일등병이 발견되었다. 나카무라 일등병은 대만명 리꾸앙후이李光輝·원주민명 스니온이라는 대만 원주민 '고사족高砂族' 출신의 일본병이었다. 그때까지 요코이 쇼이치橫井庄一 중사가 괌(섬)에서 구출되었고, 나카무라 씨가 구출된 해에는 오노다 히로小野田寬郎 소위가 필리핀의 루방섬Lubang Island에서 발견되었다. 요코이와 오노다 2명에게는 군인은급軍人恩給과 미귀환자 수당 등 상당한 돈이 지불되었다. 그러나 대만인 나카무라 병사 등에게는 이미

1) **군사우편저금**: 군인·군속이 아시아태평양전쟁 사변 현지에서 육군의 야전 우편국 또는 해군의 군용 우편국에 맡겨 둔 통상우편저금. 약 13억 엔의 잔고가 있었다. 1946년 4월에 폐지되었는데, 48년 6월부터는 전전(戰前)의 예입액 전액을 지불할 수 있게 되었다. 재판에서 오른 물가를 상정하여 요구하였으나 청구는 기각되었다. 조선인에 대한 지불은 조약으로 결정하기 위해 보류되었는데, 한일조약에 의해서 한국인의 권리는 소멸되었다고 되어 있다.

2) **대만 확정 채무 지불의 문제**: 일본 정부는 대만인 원 군인·군속의 군사우편저금(당시 금액으로 2억 4,700만 엔), 이른바 대만의 확정 채무를 처리하기 위하여, 원금의 120배를 산정하고 95년 4월 1일부터 그 반환에 들어갔다. 대만 측은 7,000배를 산정하였다. 이 때문에 일본 정부의 120배 결정에 대해 심한 노여움을 표하였다. 7000배의 근거로서는 당시의 이등병 급여와 당시 일본 자위대 이사(二士)의 월급을 대비하여 산출한 것이다.

일본 국적이 없어졌다는 이유로 군인은급도 미귀환자 수당도 없었다. 겨우 미불 급여 등 7만 엔도 되지 않는 돈이 나왔을 뿐이었으며, 인도네시아의 자카르타로부터 대만으로 직접 보내졌다. 너무나 심한 차별적인 처우에 대만인 옛 일본병에 대한 보상이 다시 문제가 되었다.

나카무라 씨뿐만 아니라 전쟁통에 정신이상이 된 병사나 전사한 유족에게도 보상은 없었다. '평화조약'으로 일본은 대만의 주권을 포기하였으며, 대만인은 '일본 국적'이 없어졌다. 또한 조약 발효 후 1952년 4월 30일에 제정되어 같은 해 4월 1일로 소급 적용되었던 「전상병자 전몰자 유족 등 원호법」은 '호적' 조항에서 대만인을 배제하고 있다.[3]

1944년 9월에 징병제가 실시되었던 대만에서는 후생성의 발표만 보아도 8만 433명의 군인과 군속[4] 12만 6,750명이 일본군에 편입되었다(표 3-1 참조). 그러나 살아 돌아간 자들도 유족도 전후戰後에는 침묵을 강요받았다. 대만 정권은 공산당과의 전쟁에 패하여 대만으로 도망쳐 왔던 국민당 정권이었고, 연합국군의 일원이었던 국민당군은 대만인 군인들이 싸웠던 상대였다. 따라서 지앙지에스蔣介石 정부가 일본 통치 시기의 보상을 요구하기란 어려운 일이었다.

산지의 '고사족高砂族'으로서는 대륙으로부터 온 중국인 정부와의 거리는 더욱 멀었다. 일본군은 '고사족'을 정글 싸움이 있는 동남아시아의 전장에서 중요한 전력으로서 활용하였다. '고사의용대'를 편성하고 필리

---

3) 호적 조항에서 배제: 3장 각주10 참고.
4) 군속: 육해군에 복무하는 군인 이외의 자를 총칭. 문관으로 선서하여 육해군에 근무한 자가 많았다. 대만인이나 조선인 군속의 대다수는 고원(雇員)·고인(雇人)이라는 최하급 군속이다.

[표 3-1] 옛 식민지출신 군인 · 군속				
구분	징병 · 징용(명)	복원(명)	사망자 수(명)	사망률(%)
조선인 군인	116,294	110,116	6,178	5.3
조선인 군속	126,047	110,043	16,004	12.7
대만인 군인	80,433	78,247	2,146	2.7
대만인 군속	126,750	98,590	28,160	22.2
합계	449,524	397,036	52,488	11.7

징병 · 징용된 자 중에는 기재되지 않은 자도 있어 실제 수는 더 많을 것이다(일본 후생성 발표).

핀이나 뉴기니 등의 격전지에 보냈다. 인도네시아의 모로타이섬에서 발견된 나카무라 일등병도 '고사족' 출신이다.

전후 침묵하고 있던 옛 일본병들도 나카무라 일등병에 대한 차별적인 대우가 밝혀지면서 보상을 요구하며 일어섰다. 1977년 8월, 군인 · 군속 13명이 1명당 500만 엔의 국가보상을 요구하는 재판을 도쿄지방재판소에 걸었다.

청구는 1982년 2월의 1심 재판에서 기각되었다. 1985년 8월, 도쿄고등법원도 원고의 호소를 배척排斥하였다. 그러나 재판이유서 가운데 원고가 받고 있는 '현저한 불이익'을 개선하기 위해 국정 관여자, 즉 국회의원에게 기대한다고 '부언'하고 있다. 재판소에서 한 '부언'이란 국회에 바라는 사법부의 의견 표명이다. 즉 사법부가 호소는 배척했지만, 입법부에 원고들을 구제하는 정책을 취하도록 요망한 것이다. 원고는 최고재판소에 상고하였다.

재판소의 '부언'을 받아들여 국회의원들이 움직이기 시작하였다. 재판 2년 후에는 의원 입법으로 「대만 주민인 전몰자의 유족 등에 대한 조위금 등에 관한 법률」이 만들어졌다(1987년 9월 29일 공포). 대만인 옛 일본병의

유족과 중상자에게 조위금·위로금으로 200만 엔(국고채권)을 지불할 것이
결정되었고, 1988년부터 지불되기 시작하였다.

　　200만 엔은 '조위금'이고 '위로금'이다. 문자 그대로 해석하면 '죽은
자의 명복을 빌고, 유족을 위로하는 마음을 넣어 유족에게 바치는 돈'
또는 '재난을 받았거나, 병에 걸린 사람을 위로하기 위한 돈'이다. 원고가
요구하고 있던 보상은 '손해나 출비를 보충하여 요구한 돈'이고, 대만인
이 치른 희생에 대해 요구할 수 있는 권리를 가진 돈이었다.

　　그런데 이 조위금은 거주지가 제한되어 있어 당사자 또는 유족이 대
만에 살고 있는 경우에만 받을 수 있었다. 당연히 대륙의 중화인민공화국
으로 이주한 사람이나 일본에 살고 있는 대만인은 대상 밖이었다.

　　1992년 4월에 최고재판소의 판결이 내려졌다. 원고의 패소였다.
'전쟁으로 인한 손해는 국민이 같이 인내해야만 했던 시기'의 것이고,
그 조치는 '입법정책에 속하는 문제'로서 기각된 것이다. '국적'은 없어
졌지만 옛 '국민'으로서 그 피해는 일본인과 같이 참아내야 한다고 요구
되었다. 식민지 출신자에게도 '국민'으로서 전쟁 피해를 '인내'할 것을
요구한 최고재판소의 판결은 현재의 보상 재판에도 커다란 영향을 주고
있다.

　　한편 원호법으로부터 대만인을 배제한 조치는 '법 아래 평등한 원칙'
에 위반되는 차별적인 것으로 인정되었는데, 보상 문제에 대해서는 국정
의 기본에 해당되는 문제이므로 재판소에서는 판단할 수 없다고 하면서
회피하였다. 의원입법에서 200만 엔의 조위금은 지급되고 있었지만 보
상 문제는 여전히 그대로 남아 있었다. 또한 생존자나 거주지 조건 때문

에 조위금을 받지 못하는 사람들의 문제는 현재까지도 해결되지 않고
있다.

2. '원호법'에서 배제된 옛 일본 병사: 한국인의 경우

샌프란시스코 '평화조약'으로, 일본은 조선의 독립을 승인하고 모든
권리 및 청구권을 포기할 것(제2조)이 결정되었고, 조선에 있는 일본인의
재산은 주민 청구권을 포함하여 특별 협정 대상으로 정해졌다. 이 특별
협정은 남한과 일본 사이에는 한일조약으로 맺어졌지만, 북한(조선민주주의
인민공화국)과 일본 사이에는 아직 협정이 체결되어 있지 않다.

일본과 한국·북한 사이에는, 대만과 같이 식민지 지배와 그것에 따르
는 침략 전쟁에의 동원에 대한 후속 문제가 남아 있다. 한국으로부터의
보상 요구는 피폭자 및 옛 '위안부'나 군인·군속이나 강제 노동 등 전시戰時
동원의 피해에 집중되어 있다.

대만인뿐만 아니라 조선인 청년도 '천황 친솔'의 황군에 입대하였다.
중일전쟁이 시작된 다음해 1938년 4월 3일 '육군특별지원병제도'가 발족
되었다. 지원병은 조선군5) 훈련소에서 6개월 훈련(1941년부터는 4개월로 단축)
을 받고 입대하였다. 한편 미나미 지로南次郎 조선총독은 학교 교육에서

---

5) 조선군: 1910년 10월 한국주차군(韓國駐箚軍)에서 조선주차군(朝鮮
駐箚軍)으로 개칭, 1918년 5월 조선군으로 되었다. 제19사단(함경북도
나남)과 제20사단(서울 용산)의 2개 사단이 상주하고, 전체를 총괄하는
조선군사령부를 서울에 두었다. 교육훈련 부대였는데 1945년 2월 11일
제34군과 제17방면군으로 개편되었다.

조선어 수업을 없애고 '황국신민의 맹세'를 제창하도록 하였으며, 창씨개명을 강요하고 흥아봉공일興亞奉公日을 제정하는 등 '내선일체內鮮一體' 정책을 추진하였다. 이것은 조선인을 강제 징병하기 위한 준비였다.

1943년 10월 20일에는 중등학교를 졸업했거나 수학 기간 2년 이상의 학교에 재학하는 자, 즉 학생을 군에 채용하였다. 이들이 학도병이다. 일본에서 '학도 출병'이 정해진 직후에 조선에서도 학도 출병이 실시된 것이다(「쇼와昭和 18년도 육군특별지원병 임시 채용규칙」 육군성령 제48호, 1943년).

그에 앞서 1943년 3월 1일에는 병역법이 개정(법률 제4호)되어 8월 1일부터 조선에 징병제가 시행될 것이 결정되었다. 조선총독부6)는 도조東條 내각의 각의 결정 후 1년 이상 걸려 징병을 준비하고 위신威信을 걸고 청년들을 모집한 것이다. 그 결과 제1회 '징병검사'(1944년 4월 1일~8월 20일)에는 자격자의 94.5%가 수검하였다. 이리하여 징병된 자 속에는 일본어를 이해할 수 없는 자, 도망한 자도 상당히 있었던 것이다. 일본의 패전까지 11만 명이 넘는 조선인이 일본의 군대에 편입되었다. 이외 군속으로 된 조선인은 12만 명을 넘었다.

'천황天皇'의 군대는, 이른바 '내지' 출신의 일본인만이 아니라, '외지'7)

6) **조선총독부**: 1910년부터 45년까지, 일본이 조선에 두었던 식민지 통치 기관, 총독은 사법, 행정, 입법의 3권을 장악하고, 육해군 대장으로부터 선임되었으며 '천황' 직속이었다. 총독은 내각총리대신을 거쳐 상주하고, 재가를 받아서 조선총독부령을 발표하고, 또한 법률을 필요로 하는 사항은 명령(제령[制令])을 가지고 규정할 수 있었다. 총독부 지배는 군사적인 성격이 강하였고 일본 본위의 임기응변적인 정책으로 시종했다고 평가되고 있다.

7) 내지(內地)와 외지(外地): 법적인 의미에서 구별은 이법(異法) 영역 관계. 외무성 조약국의 『외지법령 제도의 개요』에 따르면, 외지라는 것은 내지

출신의 조선인이나 대만인 등으로 편성된 군대였다. 식민지 출신의 군인
·군속이 '천황 군대'의 일원으로 되었다.

그러나 '평화조약'이 발효되었을 때 이제까지 인정되어 오던 '일본
국적'이 없어지고, 조선인 옛 일본 병사는, 대만인 옛 일본 병사의 경우와
같이 「군인은급법」이나 「전상병자 전몰자 유족 등 원호법戰傷兵者戰歿者遺
族等援護法」의 대상에서 빠져 버렸다. 한국에서 제소한 '김성수 국가배상청
구소송'(권말 표 23번)은 버마(현재의 미얀마) 전선에서 부상당한 원 지원병 김성
수 씨가 은급 등을 청구한 재판이다.

일본의 최고법원은 대만인 옛 일본병의 판결에서 전쟁 피해는 '국민
이 같이 인내해야' 하는 것으로 판결하였다. 많은 일본인 군인이나 군속은
「군인은급법」이나 「전상병자 전몰자 유족 등 원호법」의 적용을 받고

=일본 본토에 대해서 법제상 다른 지역 즉 일본의 영토 중 헌법이 정하는
통상 입법수속으로 정립되는 법이 원칙으로 시행되지 않는 지역(이법
지역)을 지칭한다. 전전(戰前)의 일본 영토 가운데, 혼슈(本州)·시코쿠
(四國)·규슈(九州)·홋카이도(北海道)와 행정구획상 이들 섬에 부속되
는 도서를 내지라고 말함. 조선·대만·관동주 조차지(關東州租借地),
남양 위임통치 지역, 1943년 4월 1일에 내지에 편입되기 전 사할린 및
이들 지역에 부속하는 도서(島嶼)를 외지라고 함. 더욱이 내지인과 외지
인은 본적이 있는 지역 또는 본적의 유무에 따라 구별하였다. 내지인은
내지에 본적을 가진 자, 외지인은 일본의 통치권하에 있던 지역에 소속된
자를 가리킨다. 이 점은 공법상의 신분 생활 관계를 규율하는 표준으로도
활용되었다. 이법(異法) 지역의 외지에 소속하는 외지인은, 일본국의 통
치권에 복무하는 자에서도 내지인과는 이법인역(異法人域)을 형성하였
다. 즉 각각의 지역에 소속하는 신분상의 근거를 가지고 있다. 본적의
소속에 따라 구별하였던 것이다. 그 근거 법규는 내지인이 호적법, 조선인
은 민적법 내지 조선민사령 중 호적관계 법규, 대만인은 호구규칙(1905
년 12월 대만총독부령 93호, 1935년 6월 대만총독부령 32호), 가라후토
토인 호구규칙(樺太土人戶口規則, 1907년 법률 25호, 1909년 가라후토
청령 17호)이다.

있다. 그렇지만 식민지 출신자에게는 국가 보상 정신에 입각하여 보상은 할 수 없고, 다만 '인내'하라고 희생을 강요하고 있는 것이다.

3. '군인은급'과 '원호법'

「군인은급법軍人恩給法」은 1923년(다이쇼[大正] 12년) 4월 14일에 공포되었으며 그 후 계속 개정되어 현재에 이르고 있다. 이 법률 제9조에 국적을 잃을 때는 수급 자격을 잃는다는 조항이 있다. 이 법률이 제정될 때는 대만인도 '일본 국적'을 가지고 있었고 조선인도 또한 '일본 국적'을 가졌다. 군력 12년이라는 조건까지 갖추면 대만인도 조선인도 은급법의 대상이었다.

그러나 일본 패전 후, 연합국군 최고사령관은 군인은급 지급을 중지할 것을 지령하였다(1945년 11월 20일). 이에 일본은 1946년 2월 1일 '은급법의 특례에 관한 건'(칙령 제68호)을 공포하였고, 군인은급은 폐지되었다. 다만 신체상의 장애 때문에 노동에 문제가 있는 상이군인에게만 은급이 지급되었다.

연합군 점령하에는 전상병자에게 지불되는 극히 적은 '은급'을 제외하면, 군국주의를 지지한 군인 모두에게 국가로부터 돈이 지급되지 않았다. 대만인·조선인 병사도 일본인과 같이 은급은 정지되었다. 또한 점령 직후부터 전범 용의자가 체포되었는데, 용의자는 체포 또는 억류되었을 때부터 은급 지급이 중지되었다(칙령 제 68호 제7조·제8조). 전범 용의자에게는 군인은급 폐지보다 반년 정도 빨리 은급이 중지되었다.

이러한 상황은 1952년 4월 28일 '평화조약'이 발효됨과 함께 급격하게 변화되었다. 일본 정부는 주권을 회복하자마자 즉시 옛 군軍 관계자에 대한 원호8)에 착수하였다. 조약이 발효된 지 이틀 후인 4월 30일 '전상병자 전몰자 유족 등 원호법'이 제정되었다. 이 법률은 공무상의 부상·질병 또는 사망에 관해서 '국가보상의 정신에 기초하여', 군인·군속이었던 자 또는 그 유족의 원호를 목적으로 한 법률이다. 제정된 것은 4월 30일이었으나 4월 1일로 소급 적용되었다.

이 법률은 호적법(1947년 법률 224호)의 적용을 받지 않은 자에 대해서는 얼마간 적용되지 않았다(부칙 제2항). 이 법률은 4월 1일로 소급 적용되었고 아직 이 시기까지는 조선인이나 대만인이 '일본 국적'을 가지고 있었다. 법무부 민사국장은 옛 식민지 출신자들에게 일본 국적을 이탈했다는 것을 통고9)하였는데, 1952년 4월 28일 '평화조약'이 발효된 날을 이탈 날짜로 정하고 있다. 요컨대 '원호법'은 4월 1일로 소급 적용되어 일본 국적을

---

8) 옛 군(軍) 관계자 원호: 1945년 11월 30일 육군성과 해군성은 폐지되었다. 그 다음날인 12월 1일, 육군성은 제1 복원성(復員省), 해군성은 제2 복원성(復員省)으로 되었고, 인양자 등에 대한 잔무를 처리하였다. 두 개의 성은 복원청(復員庁)으로 되었다가, 이후 인양원호청(引揚援護庁)이 되었다. 그 후 통폐합되어 탄생한 후생성 원호국이 업무 일부를 인계하였다. 옛 군(軍) 관계자가 군대에 있었던 것을 증명하는 '재대증명서(在隊證明書)'를 발행한 것은 후생성이다. 이 증명서는 소속부대, 입대 년월일, 복원년월일(군속의 경우는 해고년월일), 계급, 본적지, 성명, 생년월일이 기재되어, 후생성 원호국장 명의로 발행되었다. 정신이상이 된 상이군인·군속에게는 '수상증명(受傷證明)', 전전(戰前)에 병사(病死)한 유족에게는 '사망증명서'도 발행되었다. 군부(軍夫, 군대에서 허드렛 일하는 사람—옮긴이)의 명부는 후생노동성에 없고 정확한 수는 알 수 없다.

9) 법무부 민사국장 통지(1952년 4월 19일): '평화조약'의 발효와 함께, 조선인·대만인은 일본에 거주하고 있는 자도 포함하여 모두 일본 국적을 상실하는 등 옛 식민지 출신자의 '일본 국적' 상실에 대해 일본 정부가 통지하였다.

가진 조선인이나 대만인도 원호법의 대상에 포함되고 있었다. 하지만 적용대상을 '호적법' 기준으로 하였으므로, 식민지 출신자들에게는 일본의 호적법이 적용되지 않았고 이에 따라 '원호법'에서 배제된 것이다.[10]

이렇듯 주권을 회복한 일본 정부가 그 출발점부터 전쟁에 동원한 식민지 출신자를 배제하는 원호체제를 만들었던 것이다.

1953년 8월 1일, 일본은 연합군 점령하에서 이루어진 '은급 폐지 법령'을 폐지하는 형태로 군인은급을 부활시켰다(「은급법」의 일부 개정·법률 155호). 은급을 받는 조건에 일본 국적이 있어야 한다는 것은 이미 서술한 그대로다. 식민지 출신자는 국장 통지로 이미 일본 국적을 상실하게 되었다. 은급법 개정에서 옛 식민지 출신자에게 필요한 조치는 취하지 않았다. 만일 어떤 의지가 있었다면 지급 대상에 포함된 조문 등에 부칙을 넣었을 것이다. '국가보상의 정신'으로 은급을 지불한다면 당연히 징병·징용된 옛 식민지 출신의 군인·군속도 그 대상으로 해야 하는 상황인데, 이러한 정책은 취해지지 않았다.

민사국장의 통지로 일본 국적을 상실해버린 조선인·대만인 군인·군속은 '은급'을 받을 수 있는 자격을 박탈당하였다. 연합군 점령하에서는 국적에 관계없이 지급되던 부상병 '은급'도 국적 이탈을 이유로 지급되

10) **일본 '내지'의 호적법**: 식민지 통치하에서 일본인은 이른바 '내지 호적', 조선인은 '조선 호적'으로 나뉘어 있었고, 양자(養子)나 혼인 등의 신분 행위 이외에는 호적을 이동할 수 없었다. 1913년 7월 12일 시행한 '조선 호적령'에 의해 조선인을 대상으로 '조선 호적'이 편성되었고, '평화조약'이 발효되었을 때 '조선 호적'에 있는 것을 조선 국가의 구성원으로 하면서 일본 국적은 상실하게 되었다. '원호법'에서는 국적이 아니라 호적을 가지고 판단하였으므로 '내지 호적'에 없는 조선인·대만인은 배제된 것이다.

지 않게 되었다. 전쟁으로 부상을 입어 움직일 수도 없었던 군인이나 군속이었음에도 국적 때문에 부상병 은급조차 빼앗기게 된 것이다.

일본 정부는 식민지 출신자를 배제시키는 한편, 옛 군軍 관계자에 대한 은급이나 급부금을 계속 증액시켰다. 1957년 정부가 설치한 '임시은급 등 조사회'는 군인은급과 전쟁 상해 은급의 증액 등을 제언하고 있다. 같은 해 11월 15일 조사회는 「보고서」에서 '공무에 의해 또는 국가의 명령에 의한 행동 등'에 의해 자신을 희생하고 상처를 입은 군인·군속에게 나라가 '사용주의 책임'에 기초해서 그에 상응하는 대우를 하는 것은 당연하다고 지적하였다. 이러한 정신에 기반하여 본인에 대한 지불 금액은 계속 늘어났다. 뿐만 아니라, 1960년대 중반부터는 '특별급부금'이라는 명목으로 아내나 3촌 이내의 유족이나 부모 등에 대해서도 일시금(국채)을 지급하는 등 그 범위를 확대하였다. '사용주의 책임'은 조선인·대만인에 대해서도 당연히 있을 터이다. 왜 일본인만 해당되는가. '조사회'의 보고서에는 옛 식민지 출신자를 배제한 이유에 대해 아무것도 씌어 있지 않았다.

4. 국적에 의한 차별: 상이군인·군속

1945년 8월 패전 후 일본에서는 흰 옷을 입은 상이군인의 모습을 자주 볼 수 있었다. 거리나 전차나 역 앞에서, 금속으로 된 의족이나 의수, 양안 실명이나 화상을 입은 얼굴 등 전상戰傷의 모습 그대로 구걸을 하고 있었다. 한 사람이 있을 때도 있고 여러 명이 있을 때도 있었다. 네 손발로 꼼짝도 않고 엎드려 있는 사람, 아코디언이나 하모니카로 군가를 연주하는 사람 등 여러 가지 모습이었지만 하나같이 백의를 입은 전상자의 모임이었다.

그중에 조선인이나 대만인 옛 일본 병사가 있었다. '평화조약' 발효 후,
일본 국적이 없어진 이유로 부상병 은급이 중지되었기 때문에 '재일在日조선
인 상이군인회'11)를 조직해서 일본 정부를 상대로 교섭하고 있었다. 백의
를 입고 국회나 가두에서 항의하는 모습이 오시마 나기사大島渚 감독의 텔레
비전 다큐멘터리 "잊혀버린 황군忘れられた皇軍"에 그려졌다. 그들이 항의하
자 일본 정부는 '귀화', 즉 일본 국적을 취득하라고 조건을 내걸었다.

1962년 9월 22일 후생성은 자신의 의사에 따르지 않고 일본 국적을
잃어버린 자에 대해서는 귀화를 하면 원호 대상이 될 것이라고 통지하였
다. 부상병 은급 중지로부터 10여 년이 지났다. 일본 정부는 은급법이나
원호 관계의 법률에 있는 국적 조항을 삭제하는 것이 아니라, 상이군인들
에게 일본 국적을 취득시킴으로써 문제를 해결하고자 하였다.

1964년 당면한 민생고를 해결하는 것에 급급하였던 사람들이 모여서
일본 국적을 취득하였다. 이때 국적을 취득한 김재창 씨는 법무성 직원이
모든 서류를 만들어주었고 '특별 조치였다'고 말했다.12)

더구나 한국과 일본이 한일조약에 서명한 날(1965년 6월 22일) 이후 일본
국적을 취득한 사람은 '은급' 대상조차 되지 않았다. 후생성의 통지는 겨
우 2년 여의 효력밖에 없는 조치였다.

11) 재일조선인 상이군인회: 후에 '재일대한민국인 태평양전쟁상이자회'
로 개칭.
12) 상이군인의 국적 취득: 이때 일본 국적을 취득한 것은 15명, 이 가운데는
생활보호를 받고 있는 자도 있다(內海愛子, 『朝鮮人'皇軍'兵たち戰爭』,
岩波ブックレッ 참조. 이 책은 2007년도에 한국에서 『조선인 황군 병사
』라는 이름으로 동아시아출판사에서 번역·출간되었다).

그런데 이처럼 당사자 일본 국적 취득으로 문제가 해결되지 않은 사람이 있었다. 그들 중에는 일본 정부의 처리 방법에 납득할 수 없는 사람, 귀화하고 싶어도 할 수 없는 사람, 알지 못하는 사이 기한이 다 된 사람도 있었다. 그들에게는 그 후 은급도 장해연금도 없었다. 당연히 받을 권리가 있었던 이들은 연금 지급을 요구하면서 1990년대에 몇몇 재판을 걸게 되었다.

1991년 1월 31일 해군 군속으로서 징용되어 마셜제도Marshall Islands에서 부상당한 정상근 씨가 원호법의 적용을 요구하면서 제소하였다. '재일 한국·조선인 원호법의 원호를 받는 지위 확인 소송'(권말 표 11번)이다.

정상근 씨와 같이 마셜제도의 워체Wotje섬에서 부상당한 석성기 씨는 장해연금 급부를 신청하였는데, 원호법의 부칙 2항을 이유로 기각되었다. 진석일 씨는 해군 군속으로서 근무하였을 때 인도네시아의 발릭파판Balikpapan에서 부상을 당하여 후생성에 장해연금을 청구했지만 기각되었다. 이 두 사람이 원고인 재판이 '원호법 장해연금 지급거부 결정취소 소송'(권말 표 19번)이다. 강부중 씨도 해군에 징용되어 뉴브리튼섬 라바울Rabaul에서 일했는데 연합군의 공격으로 부상을 입었다(권말 표 30번).

이들 재일在日 상이군인·군속들이 '국적에 의한 차별'을 호소한 재판은 4건이 있다. 1998년 9월 29일 도쿄고등법원은 다음과 같이 판결하였다. "상이군속들에 대해 일본 국적을 가지고 있는 자에 준해서 처우하는 것이 보다 적절하고, '원호법'의 국적 조항이나 부칙을 고쳐서, 재일 한국인에게도 「전상병자 전몰자 유족 등 원호법」을 적용할 길을 열 것 등을 내용으로 입법을 할 것, 또한 전상병자에게는 이에 상응하는 행정상의 특별 조치를 취할 것을 강하게 희망한다"고 지적하였다.

이에 1999년 3월, 노나카 히로무野中広務 관방장관이 국회에서 금세기 중에 일어났던 문제는 금세기 중에 해결해야 한다고 답변하였다.[13] 국회는 도쿄고등법원과 오사카고등법원의 강한 주문을 받아 특별 입법을 제정하기 위해 활동하였다.

그러나 국회의 입법 활동은 신속하게 이루어지지 않았기 때문에, 1999년 10월 15일 오사카고등법원에서는 '국회가 금후에 몇 가지 시정 조치를 하지 않고 그 시정에 필요한 기간을 경과한 경우', '입법 활동을 하지 않는 것은 국가배상법상의 위법 행위라고 평가할 수 있다'고 판결하였다. 즉 국가가 국적을 이유로 재일 군인·군속에 대해 차별을 계속하고 있고, 이것을 시정하지 않으면 국가배상법상의 위법 행위로 보인다고까지 말하고 있는 것이다. 재판부는 국가의 차별적인 대우를 될 수 있으면 신속하게 개선해야 한다고 강하게 주문하였다.

이러한 가운데 2000년 6월 7일 「평화조약 국적 이탈자 등의 전몰자 유족에 대한 조위금 등의 지급에 관한 법률」이 공포되었다. 재일 상이군인·군속과 그 유족에게 '인도적 정신'에 기초하여 조위금 등을 지급할 것을 정한 법률이다. 연금과 같이 '국가보상의 정신'에 기초한 것이 아니

---

13) 노나카(野中) 발언: 1998년 9월 29일에 나온 재일 한국인의 장해연금 소송 공소심 판결의 부언에서 있었던 입법 해결과 관련하여, 중의원 내각 위원회에서 질문을 받은 노나카 관방장관은 다음과 같이 답변하고 있다. "이미 대만 주민에 대한 특례라고도 할 만한 특정 조위금이 의원입법에서 행해졌던 전례도 있기 때문입니다. 이 같이 말할 수 있을지 모르지만 새로운 세기를 맞이하는 데 있어 역시 어떻게 해서라도 이 문제를 처리해야만 한다는 어떤 사명감과 같은 것을 가지고 있습니다"(「제145회 국회 중의원 내각위원 회의록 제3호」, 1999년 3월 9일).

본건은, 2차 세계대전으로 인한 비참한 전쟁 피해에 대해서 일본 국적을 가진 군인군속들이 원호법에 기초하여 상응한 보상을 받는 것에 비해, 재일 한국인의 군인·군속들은 장기간에 걸쳐 일본·한국의 어느 쪽에서 어떠한 보상도 받을 수 없는 상태에 놓여 있는 것을 계기로 제기된 것으로서, 항소인들이 현저히 불이익 상황에 놓여 있는 것은 충분히 인식되고 있다.

또한 항소인들에 대한 불이익이 한일 청구권 협정의 체결이나 국제인권규약의 비준이라고 하는 새로운 사태가 생긴 이후에도 어떤 시정도 되지 않은 채 방치되어 정치적인 해결은 물론, 인도적인 견지의 해결도 아무런 진전도 없었기 때문에 항소인이 그 시정을 요구하기 위해 제소할 수밖에 없는 심정에 대해서도 충분히 이해할 수 있다.

이를 위해 당 재판소에서도 헌법 또는 인권규약의 해석에 관계되는 중요한 논점을 포함한 사건이라고 인식하여, 현행 법률체계에서 가능한 판단을 할 예정이다. 무엇보다도 항소인 측에서 보면 그 결론이 납득할 수 없을지도 모른다.

그러나 원호법에 기초하여 급부를 받는 권리가, 사회보장적인 측면 등 기타의 다양한 성질을 가지고 있는 점을 감안하면, 현 단계에서 바로 국적 조항 및 호적 조항을 무효라고 판단해서 후생대신에게 급부를 명하고, 국가(국회)의 입법부 작위를 바로 국가배상법상의 위법 행위라고 하는 것은 곤란하다. 시정을 하려면 첫째로는 국회에서 할 수밖에 없다고 생각한다.

따라서 피항소인들이 될 수 있는 한 신속히 재일 한국인 군인·군속들의 원호 문제를 재검토하고, 일본이 국제사회에 점하는 역할이나 지위를 충분히 고려한 위에 국적 조항·호적 조항의 개폐를 포함하여, 국제사회에서도 충분히 납득할 수 있는 시정 조치가 취해질 것을 기대한다.

(「마이니치신문[毎日新聞]」, 1999년 10월 16일자)

라 정부의 '조위금'으로 지불하는 것이다. 전몰자의 유족에 대해서 260만 엔, 전상병자의 유족에도 같은 260만 엔, 재판을 일으킨 원고原告들과 같은 본인에게는 위로금 200만 엔의 일시금과 특별 급부금 200만 엔을 지급하고자 하는 것이다. 2001년 4월 1일부터의 3년 시한입법이다(2001년 9월 말 현재 89명에게 지급되었다).

전후戰後 경제적·정신적으로 갖은 어려움을 겪어 온 원고인 전상병자들에게는 너무나 적은 '위로금'이다. 그것도 연금이 아닌 일시금이다. 이 '조위금'을 받을 것인가, 계속 운동을 해 나갈 것인가. 당사자들의 대응은 나뉘어졌다. 고령이 된 원고들에게는 도저히 납득할 수 없는 해결 방책이었다.

식민지의 청년을 군대에 동원한 것은 일본만이 아니다. 일본군이 필리핀에서 싸웠던 미국 필리핀 군대에는 필리핀 출신 병사가 많았다. 같은 형태로 말레이반도의 영국 인도군에는 인도 출신 병사가 많이 있었다. 인도네시아에서 일본군은 네덜란드 인도군과 싸웠는데, 그 가운데에는 인도네시아 출신 병사도 다수 있었다. 연합국군에도 많은 식민지 출신 병사가 있었던 것이다.

1982년 외무성은 각국의 전상병 또는 전사한 외국인에 대한 보상 실태를 조사하였다(「미·영·프·이·독의 식민지 출신자에 대한 전후보상」 조사). 이에 따르면, 미국·영국·프랑스·이탈리아·독일에서는 외국 국적의 옛 병사에게 연금이나 일시금을 지급하고 있다. 외무성의 조사에서도 국적 변경을 이유로 일체의 원호를 제외시킨 국가는 일본 이외에는 없었다.

2000년 6월 일본도 앞에서 서술한 바와 같이 특별 입법을 제정하였지만, 일시금인 '조위금' 지불에 불과하였고 차별을 시정하는 것은 아니었다.

식민지 병사에게 차별적으로 연금을 지급한 국제적인 실례는 일찍이 프랑스가 세네갈 병사에게 연금을 감액하여 지급하였던 것이다. 이것이 문제로 되어 국제인권규약 제26조에 위반하고 있다는 점이 인정되었다. 그 후 프랑스는 국내법을 개정하고 세네갈 병사에 대한 차별적인 대우를 일부 시정하였다. 일본 또한 감액으로 연금을 차별하였고 더구나 지불하는 것도 일시금인 조위금에 불과하였다. 국제인권규약에 위반하고 있는 상태가 계속되고 있는 것이다.

5. 석방을 요구하며: 조선인 전범

전후보상 재판 중에 특이한 재판이 있다. 군속이었던 옛 식민지 출신자의 전범戰犯이 제소한 재판이다.

'포츠담선언'을 수락한 일본은 전쟁 범죄인의 처벌도 받아들였다(10항). 연합국은 도쿄재판('극동국제군사재판')과 달리, BC급 재판에서 '통상적인 전쟁 범죄'를 일으켰던 '일본병'을 재판하고 있다. 이 재판의 피고는 5702명14)을 헤아린다. 이 '일본병' 중에는 전쟁에 동원된 조선인과 대만인도 있었다. 옛 일본병으로서 재판받은 조선인 범죄자는 148명, 대만인 전범은 173명으로, BC급 재판에서 유죄 판결을 받은 자(4,403명)의 7%가 옛 식민지 출신자였다. 이들은 주로 포로수용소의 감시원이었던 군속이다.

일본 정부는 '평화조약'에서 '도쿄재판'과 BC급 재판의 '판결'을 수락하고 '일본 국민'인 전범의 형 집행을 계속 받아들였다(제11조). 형 집행을 받은 전범 속에는 옛 일본병으로서 재판받은 조선인·대만인도 포함되어 있었다.

여기서 생각해야 할 것은 앞에서 말했듯이 이미 '평화조약'이 발효된 날에 민사국장의 통지로 인해, 조선인이나 대만인의 일본 국적이 없어졌다면 왜 '일본 국민'도 아닌데 구속되었나 하는 점이다. 이러한 불합리한 점에 대하여 당사자들은 사회에 호소하기 시작하였고, 일본의 변호사들도 지원하기 시작하였던 것이다.

14) BC급 전범자 수: 1999년 8월, 법무성은 BC급 전범으로 기소되었던 자 5,702명, 사형 984명, 유죄 4,404명(기타 314명)이라는 숫자를 공표했다.

[그림 3-1] 보상을 요구하고 있는 조선인 전범
조선인 전범들은 일본 정부에 대해서 보상을 요구하며, 수상 관저 앞에 앉아 데모를 계속하고 있다(1956년)

[그림 3-2] "지금 묻고 있는 전후보상"(「아사히신문」, 1992년 1월 4일자)
아시아 각국 피해자들은 일본 정부에게 전후보상 문제를 계속 제소하고 있다

1952년 6월 14일 인신보호법에 기초하여 스가모巢鴨형무소에 구류되었던 29명의 조선인과 대만인 1명이 석방을 요구하며 도쿄지방법원에 제소하였다. 이 재판이 최초의 전후보상 재판이라고 할 수 있다. 인신보호법에 의한 재판은 경우에 따라서는 최고법원이 직접 판결할 수 있다. 그 해 7월 30일 최고법원의 대법정이 열려 항고가 각하되었다. 각하이유는 일본 정부는 형 집행의 의무를 지고 있고 형을 받을 때에 일본 국민이었고, 그 후 계속 구금되어 있던 자에 대해서는 조약에 의한 국적의 변경이 있어도 형 집행의 의무에는 영향을 미치지 않는다는 것이었다.

　　'일본 국민'으로서 그들은 계속 스가모 형무소에 구류되었다. 최후의 조선인 전범이 스가모를 출소한 것은 1958년이었다. 이 시기 이미 미국의 정책 변화로 인해, 전범이었지만 석방된 기시 노부스케岸信介는 제1차 내각15)을 출범시켰다. 조선인 전범들은 스가모형무소 속에서는 '일본 국민'이었는데 스가모형무소를 나오면 '일본 국민'이 되지 않고 '외국인 등록'을 해야만 했다. 지문 날인도 강제로 당하였다. 또한 외국인으로서 재류 자격이 결정되었다. 한때는 「특별 미귀환자 급여법」(1952년 4월 28일)으로 미귀환자 수당을 받을 수 있었는데, 이것도 53년 7월 31일에는 사실상 끊어져 버렸다. 부재 가족이 일본에 거주하고 있지 않기 때문이다. 더구나 스가모형무소를 출소한 날이 '귀환(인양, 引揚げ)'한 날로 되었다.16)

15) **기시 노부스케의 석방**: 기시 노부스케는 A급 전범 용의자로서 스가모형무소에 구류되어 있었는데, A급 전범 7명의 교수형이 집행되었던 다음 날인 1948년 12월 24일 불기소로 석방되었다.
16) **인양자 증명서의 발행일자**: 몸은 일본으로 송환되었는데, 스가모형무소를 출소(出所) 또는 가출소(假出所)한 날을 인양된 날로 정하고 있다.

전범으로 사형당한 조선인도 23명이었다. 그들은 마닐라·싱가포르·자카르타 등 해외에서 형이 집행되었다. 유골은 처형되었던 일본인의 유골과 함께 일본에 돌려보내져 후생성이 보관하고 있다. 살아남은 조선인 전범들은 유골을 유족 품으로 돌려보내려고 노력하였다. 유골 송환에 대해 후생성은 위령제를 하기도 하였지만 보상은 없었다. 1만 엔의 향전(부의), 이것이 사형당한 조선인 군속에 대해서 일본 정부가 낸 '조위금'이었다. '전범'이 된 옛 식민지 출신자는 스가모형무소 속에서도 석방 이후에도 국적 조항 등에 따라 원호에서 배제되어 왔다.

전범이라 하더라도 일본인 전범의 경우는 군인은급이 부활되었고, 「전상병자 전몰자 유족 등 원호법」도 적용되었다. 그러나 조선인·대만인 전범들은 이러한 조치로부터 배제되었다. 교섭에 의해 출소 후의 주택이나 생업자금을 대부받기도 하였지만 장기간의 구류나 사형자에 대한 보상은 없었다. 더욱이 전범으로서 사형당한 조선인들은 일본인의 경우와 같이 '법무사法務死'로 취급되어 야스쿠니신사靖國神社에 합사되었다.17)

1991년 11월, 조선인·한국인 전범들은 일본 정부의 취급에 대해 사죄와 보상을 요구하면서 제소하였다. 1999년 12월 20일 최고법원

---

17) 야스쿠니신사 합사에 반대하는 운동이 지금도 계속되고 있다. 유족 이희자 씨 등 태평양전쟁희생자유족회를 비롯하여 한국과 일본, 중국의 시민단체는 매년 8·15 광복절을 전후하여 합사 반대운동을 계속하고 있다. 2008년에는 중국의 리잉(李纓) 씨가 10년에 걸쳐 야스쿠니신사에 서 있었던 일들을 다큐멘터리로 만들었으나, 일본에서 영화 상영이 금지 되는 등 우여곡절을 겪었다—옮긴이.

은 '입법 조치가 강구되지 않고 있는 것에 불만을 가지고 있는 심정은 이해할 수 있다'라고 말하면서, 해결은 입법부의 재량적 판단에 맡긴다며 그들의 청구를 기각하였다. BC급 전범들은 최고법원에서 두 번째 기각을 당했다.

4장

강제 노동에 대한 보상 문제

1. 한국인의 소송: 개인 청구권은 소멸되었는가

1990년 6월, '태평양전쟁희생자유족회'[1])는 한국의 부산에서 서울까지 약 500킬로미터를 도보로 행진하면서 식민지 지배에 대한 처리가 끝나지 않았다는 것을 호소하였다. 식민지 지배의 피해와 전쟁에 동원된 피해라는 이중의 피해만이 아니라, 이미 말한 바와 같이 일본군의 군속이 되어 전범의 가해자로 당한 '피해'도 있다. 피해는 실로 중층적이었다.

권말 표에서 보는 바와 같이 보상은 한국에서 요구된 것이 많다. 한일조약으로 식민지 지배의 처리를 끝냈다고 하지만, 왜 이 같은 요구가 계속 나오고 있는 것일까.

'한일조약'은 1965년 6월 22일에 조인되어 같은 해 12월 18일 발효되

---

1) 태평양전쟁희생자유족회: 1973년 4월에 발족한 '한국태평양전쟁유족회'가 1989년 3월에 '태평양전쟁희생자유족회'로 개칭되었다.

었다. 기본조약의 조인과 동시에 특별 취급 결정의 하나로서 '한일청구권 협정'도 조인되었다. 이 '협정'에서 일본이 1,080억 엔(3억 달러)의 생산물과 역무를 향후 10년간 무상으로 지불하고, 720억 엔(2억 달러)의 생산물과 역무를 향후 10년간 유상으로 지불할 것을 결정하였다. 이것으로 한일 양 국민의 청구권이 '완전히 동시에 최종적'으로 해결되었던 것이다. 일본이 경제협력을 하는 대신에 한국은 청구권을 포기한 것이다. 일본 정부는 이 협정에 기초하여 청구권을 소멸시키는 국내법을 제정하였다.

청구권 속에는 징용된 조선인의 미수금이나 보상금도 포함되어 있었다. 한국 측은 제7차 회담(1962년 12월 15일)에서 미수금이 2억 5,000만 엔이라고 주장하였다. 또한 강제 징용된 자는 66만 7684명, 이 중에 부상당하거나 사망한 자가 1만 9,603명, 군인·군속 36만 5,000명 가운데 부상당하거나 사망한 자는 8만 3,000명이라는 숫자도 제시하고 있다.

한국은 조약에서 개인의 재산권은 소멸되지 않았고 다만 외교보호권2)을 포기한 것에 불과한 것이다. 손해를 입은 국민의 구제조치는 다른 문제라고 주장하면서 민간 청구권을 남기고자 노력하였다. 그러나 아시아 여러 국가와 배상 교섭을 중첩되게 진행하여 왔던 일본에게 경제 건설이 급했던 박정희 정권이 조인을 강행하였다. 이리하여 한일 간의, 국가

2) **외교보호권**: 국제법에 따르면, 국민은 외국에 있을 때 외국인으로서 국제법상 일정한 대우와 보호를 해주도록 되어 있다. 그 때문에 외국에서의 행정적인 보호 또는 사법적인 구제가 불충분할 때는 본국은 자국민에 대해 적당한 구제를 할 수 있도록 외교 수속을 통해서 상대국에 요구할 수 있다. 이것이 외교적 보호이고 국가에 인정되는 외교보호권이다. 외교보호권은 당해 국민의 본국과 상대국과의 관계에서 국제법상의 권리로서 취할 수 있다.

와 그 국민 사이에 있는 청구권에 관한 문제는 '완전히 또한 최종적으로 해결된' 협정으로 조인된 것이다.

지불된 것은 배상금이 아니라 경제협력이다. 일본 측에서는 '한국병합'은 합법적이고 '배상'을 할 이유는 없다고 하면서, 이 돈도 말하자면 '독립 축하금'과 같은 것이라고까지 말하였다.[3] 한국 국내에서는 이 조약에 반대하는 격렬한 운동이 계속 확대되었다. 박정권은 반대운동을 억누르고 조인을 강행하였고 조약은 비준되었다.

'한일청구권 협정'을 '전후 보상'의 관점에서 보면 다음의 두 가지 문제가 있다. 첫째는 한국 정부가 일본으로부터 경제협력을 바탕으로 개인 보상을 하고 있는 것이다. 한국에서는 1971년에 「대일 민간청구권 신고법」, 1974년 12월에는 「대일 민간청구권 보상법」이 제정되었다. 이 법률은 '일본군에 의해 군인·군속 또는 노무자로서 소집 또는 징용되어, 1945년 8월 15일 이전 사망자'의 유족을 보상 대상으로 하고 있다. 그리하여 1975~77년 6월에 걸쳐 유족 8,552명에 1명당 30만 원(약 19만 엔)을 지불하였다. 그 총액은 25억 6,560만 원이었다. 또한 채권 1엔에 대하여 30원을 보상하고 7만 4,967건에 66억 2,209만 원을 보상하였다.

그러나 유족은 1인 1,000만 원을 요구하였다. 1974년 10월에는 '보상금수취 거부 전국유족단결대회'를 개최하는 등 보상금이 적은 것에 대해

---

3) '한국병합'과 그 처리: 한일조약(일본국과 대한민국 사이의 기본관계에 대한 조약)은, 1965년 6월 22일에 조인, 같은 해 12월 18일 발표하였다. 동시에 '청구권·경제협력 협정'을 체결. 1910년의 병합조약은 '이미 무효'라고 규정되었다. '한국병합'이 위법이었는가, 합법이었는가. 한일 국가 간의 견해가 다른 그대로 조인되었다. 그 때문에 경제협력 방식에 의한 유상·무상 5억 달러가 배상금인가 아닌가로 한일 간의 견해가 달라져 있다.

항의하였다. 수취를 거부하거나 정보가 철저하지 않았거나 서류를 갖추지 못하여 보상금을 받을 수 없었던 사람도 있었다. 시한입법인 이 법률로 보상금을 받은 사람은 유족의 40%에도 미치지 못하였다.

한편 정신이상자가 되거나 살아 돌아온 사람에게는 그 어떤 보상도 없었다. 상황이 이러한 가운데 1992년 11월, 옛 일본병 김성수金成壽 씨가 일본 정부에 국가 배상을 요구하는 소송을 걸었으나 패소하였다.[4] 2001년 6월 29일에는 한국의 군인·군속 유족 252명이 일본 정부에 대해 유골 반환, 미불금 지급, 군사우편저금의 반환, 야스쿠니 합사의 취소를 요구하며 제소하였다.

둘째는 재일 한국인의 재산·권리 문제가 해결되지 않았던 것이다. 협정에서는 '한편으로 체결국締結國(협정을 체결한 한국 정부―옮긴이)의 국민으로 1947년 8월 15일부터 이 협정에 서명한 날 사이에, 다른 한편으로 체결국에 거주한 적이 있는 자의 재산, 권리 및 이익'에는 영향을 끼치지 않는 것이라고 되어 있다(제2조 2항 a). 재일조선인의 청구권은 한일조약에서는 해결되지 않았던 것이다.

일본 정부가 석성기石成基 씨 등 재일의 상이군인·군속에게 조위금을 지급한 것은 한일조약의 대상으로부터 제외되어 있었던 것도 하나의 원인일 것이다. 조위금 지불은 '재일' 한국인뿐만 아니라 한국 거주자도 대상이 아니었다.

이제까지 일본 정부는 한국인의 보상청구는 물론 재일 한국인의 요구

---

4) 김성수 씨가 제소한 재판: 3장 2절 참조.

[그림 4-1] 일본의 식민지 지배 청산과 '전후보상'을 요구하는 '태평양전쟁희생자유족회'의 회원들(서울)

[그림 4-2] 수상 관저 앞에서 시위하는 조선인전범과 해산시키려는 경찰의 몸싸움
(1956년 8월)

도 '한일협정'으로 '해결 완료'되었다는 일관된 입장을 고수해 왔다. 관청
에서도 문전박대였다. 그렇지만 전후보상 운동이 전개되고 있는 가운데,
1991년 8월 27일 참의원 예산위원회에서 야나이 슌지柳井俊二 외무성 조

약국장은 다음과 같이 답변하였다.

일한협정은, 일한 양국이 국가로서 가지고 있는 외교보호권을 상호 포기한 것으로, 개인의 청구권 그 자체를 국내법적인 의미에서 소멸시킨 것은 아니다. 일한 양국 간에 정부로서 이것을 외교보호권의 행사로서 받아들일 수 없다는 의미다.

즉 포기된 것은 외교보호권의 행사이고 청구권은 소멸되지 않았다는 견해다. 1992년 3월 27일에는 중의원 법무위원회에서 무토 마사토시武藤正敏 외무성 아시아국 동북아시아과 과장이, '협정'의 2조 1항에서 한일 양국 및 국민의 재산·청구권이 '완전히 또한 최종적으로 해결되었다'라는 것은 확인하고 있지만, 이것은 재산권·청구권에 대해서 국가가 가지고 있는 외교보호권을 상호 포기한 것을 확인하는 것이므로, 개인의 재산·청구권 그 자체를 국내법적인 의미로 소멸시키는 것은 아니라고 답변하고 있다.

'협정'에서 한국인의 청구권은 소멸되지 않았다. 그렇다면 어디에서 소멸되었는가. '협정' 2조 3항에는 서명한 날에 일본의 관리하에 있는 재산·청구권 조치에 대하여 대한민국은 금후 어떠한 주장도 하지 않는다는 규정이 있다. 이것에 기초하여 일본은 국내법을 정해서 일본의 관리하에 있는 재산 등에 대한 조치를 결정하고 있다. 이것이 법률 144호[5]라고

5) 법률 144호: 1965년 12월 17일에 제정된 「재산 및 청구권에 관한 일본국과 대한민국 사이의 협정 제2조의 실시에 따르는 대한민국 등의 재산권에 대한 조치에 관한 법률」을 말한다. '협력협정' 제2조 3항의, 일방적인 체결국 및 그 국민의 재산, 권리 및 이익에 대해 구체적으로 어떠한 조치를

불리는 것이다. 이 일본의 '국내법'에서 일본 국내에 있는 한국인의 채권 등이 소멸되었다. 한국인의 청구권은 '협정'이 아니라 일본의 국내법에서 소멸된 것이다. 다른 국가가 이와 같이 다른 국민의 권리를 포기하게 할 수 있는가. 이런 점에서 여전히 쟁점이 남아 있다.

2. 강제 노동과 임금: '시효'와 '국가무책임'의 벽

전쟁에서는 병력만이 아니라 군수산업이나 자원 확보를 위한 상당한 노동력을 필요로 한다. 일본은 조선과 대만은 물론 점령한 중국 대륙이나 남방 점령지의 주민을 '노무자'로 모았다. 연합국의 포로도 강제 노동을 시켰다.

전시라 하더라도 기업에서 일을 하게 되면 당연히 임금이 지급된다. 이들 아시아 사람들의 임금은 어떻게 지불되었는가. 심지어 포로라 하더라도, 장교는 계급에 따라서 급여가 지불되고 병사에게도 노임 규정에 따라 지불된다. 그렇지만 일본은 전쟁 중 수중의 돈을 제한하였고 그것을 넘는 돈은 저축으로 돌리고 있었다. 노임은 장부상으로는 지불되었다고 하나 그들의 수중에 얼마나 쥐어졌는지는 확실하지 않다.[6]

일본은 중국과 육지로 연결되어 있는 조선을 '병참기지'로 만들고자

취할 것인가에 대해서는 상대 체결국 결정에 위임할 수 있다고 규정한 것에 기초하여, 일본이 한국 및 한국 국민에 걸려 있는 재산, 권리 및 이익에 대해서 국내법을 제정하여 처리하였다. 법률 144호는, 이에 대한 일본의 국내법이고, 이것에 의해 한국 국민의 청구권이 1965년 6월 22일에 소멸되었다.

6) 노임의 지불: 4장 각주19 '백인 포로'에 관한 내용 참조.

하였다. 조선미 등의 식료나 지하자원의 공급은 물론 노동력으로서 조선인을 동원한 것이다. 중일전쟁이 시작된 다음해에는, 「국가총동원법을 조선·대만 및 가라후토樺太에 시행하는 건」(1938년 5월 4일)을 발효하였다. 조선에도 '국민징용령'(1939년 7월 8일)이 적용되었다. 이 법령에 따라 조선에서 '모집'이라는 형태로 일본의 탄광이나 광산에 배치할 집단 연행이 시작되었다. 더욱이 군수산업이나 긴급 산업에 조선인을 동원할 계획이 세워졌다. 그러나 '모집'이 생각처럼 순조롭게 진행되지 않았기 때문에 체제를 강화하여 동원하였다.

조선총독부는 「선인 내지이입 알선요강鮮人內地移入斡旋要綱」(1942년 2월 24일)을 내고,[7] 행정기구를 활용하여 조선인을 모아 일본으로 보내는 정책을 취하였다. 그래도 일본 국내의 노동력은 부족하였다. 1944년에는 노동력 부족 현상을 메우기 위해 일명 '사람사냥'으로 불릴 정도로 모집을 강제하였다. 이리하여 전쟁 수행을 위해 일본에 연행된 조선인은 72만 4,787명에 이른다. 이것은 한일회담에서 한국 측이 제출한 숫자보다도 많다. 그 외에 사할린(현재 러시아연방, 옛 가라후토)에 1만 6,113명, 남방에 5,931명이 보내졌다. 더욱이 군軍 요원 3만 1,782명이 남방 등으로 내보내졌다.

패전 시 일본에는 70만 명이 넘는 '강제 연행'된 사람을 포함하여 200만 명이 넘는 조선인이 있었다. 귀국을 서둘던 사람들의 배가 태풍에 난파하는 비극도 일어났다. 또한 아오모리현青森県 오미나토大湊로부터 징용된 조선인을 태우고 출항한 해군 특설 수송함 후지마루浮島丸선이 침몰한

---

7) 선인(鮮人)은 당시 용어를 그대로 사용한 것으로서, 조선인을 말하며 당시에는 차별적인 용어로 쓰였다─옮긴이.

[표 4-1] 일본으로 동원된 노무자 수(단위: 명)		
조선인	724,727	1939년부터의 동원 노무자 수, 이외 남방 각지
대만인	8,419	에 9만 2,748명 패전시의 총수 12만 8,463명 (남방·조선·대만 등에 수용), 사망자 3만
'백인' 포로	35,653	8,135명(사망률 29.7%) 사망자 8,823명(사망
중국인	40,233	률 21.9%)

출전: 대장성(大蔵省), 『일본인의 해외 활동에 관한 역사적 조사』(조선편), 1947년;
대만총독부, 『대만통치개요』, 1945년; 포로정보국, 『포로 취급의 기록』, 1955년;
중국인포로순난자(殉難者)명부 공동작성실행위원회, 『중국인 강제 연행 사건에 관한 보고서』, 1960~64년

사건도 일어났다. 패전 직후인 1945년 8월 24일 마이쓰루항舞鶴港에 입항
하려고 했던 후지마루선이 갑자기 폭발하여 침몰하고 549명이 사망한
사건이다. 원인도 희생자 수도 아직 확실하지 않다[8].

조선인들의 귀국 계획이 세워져 있지 않은 가운데 기업에서 해고된
조선인들은 임금이나 퇴직금을 요구하는 운동[9]을 일으켰다. 그 행동을
조직한 것은 전후 급속히 결성된 재일조선인연맹[10]이다. 연맹의 주도로
오사리자와尾去沢광산 등 아키타秋田의 광산에서는 1명당 1,000엔의 퇴직
위로금과 여비 150엔을 받아내는 등 꽤 성과를 올렸다. 1946년 1월에는
가시마구미鹿島組 등 '일본건설공업 통제조합'의 사업소에 해고수당을 1

8) 후지마루선 폭발에 대해, 최근 일본의 시민단체인 '강제동원시민네트
워크'에서 조사와 연구가 진행되고 있다―옮긴이.
9) 조선인에 의한 임금이나 퇴직금을 요구하는 운동: 경시청 경비 제2과의
시노자키(篠崎平治)에 따르면, 조선인의 '불법행위'는 1945년에는 '퇴직,
위로금의 부당 요구'가 더욱 많았고, 128건 가운데 34건, '귀국 문제를 둘러
싼 불온행위' 21건으로 계속되었다. 1946년에는 5,336건으로 격증하였는
데, '관공서에 대한 부당 요구'가 147건이 되었다. 경시청은 '불법'이라고
칭하고 있지만, 이 가운데는 퇴직금 요구 등 당연한 행동이 포함되어 있다.
10) 재일조선인연맹: 1945년 10월, 조선 건설을 위한 노력, 귀국 편의와 질
서, 재일 동포의 생활 안정 등을 내걸고 결성된 조선인의 자주적인 단체다.

명당 1,800엔, 여비와 도중의 식료비 지급, 피복 1벌의 지급을 요구하였다. 또한 좀처럼 진행되지 않던 귀국을 촉진시키기 위해 귀국선 수배를 요구하였으나 전면적으로 거부당하였다. 이 재일조선인연맹의 운동과 미불금 공탁 문제[11])에 대해서는 고쇼 다다시古庄正 씨가 쓴 「강제 연행·미불금은 어떻게 몰수되었는가」(『일본 기업의 전쟁 범죄』 수록)에 상세히 기록되어 있다.

이 미불금이나 예·적금, 퇴직적립금, 후생연금보험 등의 재산도 앞의 '한일협정'에 기초하여 제정된 일본 국내법에 의해서 소멸된 것이라고 되어 있다. 귀국하기 전에 노무자에게 지불해야만 했던 임금이 왜 미불금이 된 것일까.

3. 미불금의 '몰수': '조선인 강제 노동'

1946년 10월 일본 정부는 기업들이 미불금을 '공탁'하도록 하였다. 그러나 채권자인 조선인 본인에게도 유족에게도 이런 사실을 알리지 않은 채, 공탁금은 10년이 지나 시효가 다해 소멸되어 버리고 말았다. 국교가 회복되지 않은 때이기는 해도 본인이나 유족에게 통신은 가능하였다. 하물며 「미불금 공탁보고서」에는 채권자의 성명과 본적지가 면面, 리里까지 명기되어 있었는데, 정부는 '본래부터 사는 곳을 모른다'(1992년 3월

---

11) 미불금 공탁 문제: 「조련(朝連) 자료에 보이는 기업의 전후 처리」(『아리랑통신』 제24호)도 함께 참조(조련은 재일조선인 연맹. 1949년 GHQ에 의해 해산되었고 후에 재일본 조선인총연합회로 다시 발전하였다—옮긴이).

27일 중의원[衆議院] 법무위원회)라고 답변하고 있다. 이것은 '거짓말'이다. GHQ (극동연합군 사령부)의 지령에 의해 조선인의 귀국 계획이 궤도에 오르지 않았기 때문에 아직 많은 조선인이 일본에 남아 있었던 때다. 개인에게 미불금을 지불하는 것은 불가능하지 않았다. 왜 정부는 공탁시켰는가.

고쇼 씨에 따르면, 이 공탁은 당사자의 위탁을 받은 재일조선인연맹 등 재일조선인 단체가 '미불금' 지불을 요구하면서 대항하였기 때문에 이를 동결·몰수하고자 한 일본 정부의 정책이었다.[12] 일본 정부는 기업으로부터 의도적으로 공탁을 받은 뒤 법령으로 정해진 공탁통지서의 발송도 태만히 하였던 것이다. 그것을 한일협정 청구권의 항목에 넣어 일본 국내법으로 소멸시킨 것이다. 이 사실을 보면 기업과 정부가 하나가 되어 조선인의 미불금을 '몰수'하였다고 비판받아도 당연한 일이다.

미불금은 얼마나 될까. 니혼제철日本製鐵의 공탁 금액은 41만 7,684엔 11전, 1명당 106엔 30전이라고 되어 있다. 그렇지만 도야마富山의 후지코시강재不二越鋼材에 조선에서 동원된 37명의 여자정신대에게도 150엔 이상 200엔 미만이 반수 이상이고, 남녀의 임금 격차와 중노동을 고려하면 니혼제철의 미불금이 이처럼 소액일 수는 없을 것이다(고쇼 논문).

일을 한 노무자라면 당연히 받았어야 할 임금을 지불하라고 요구하는

---

12) 최근 조선인 강제 노동에 대한 미불금 연구가 진전되고 있다. 일본 국립공문서관에서 공개된 문서 「경제협력: 한국 105」 철을 분석하여, GHQ와 일본 정부, 한국 정부 간의 미불금을 둘러싼 실태에 대해 연구 발표하였다(김경남, "강제연행 조선인 미불금의 전후처리: 공탁금의 사무절차와 명부 원본의 출소를 중심으로[朝鮮人强制動員の未拂金の戰後處理: 供託金の事務手續きと名簿原本の出所を中心に]", 日本平和學會심포지엄 발표문, 2009)―옮긴이.

재판을 한국에 살고 있던 옛 징용공徵用工들이 제기하였다. 그 가운데 기업과 화해가 성립된 것은 3건이다.

니혼강관日本鋼管(NKK를 거쳐 현재 JFE)의 옛 징용공 김경석 씨는 기업의 책임을 묻고, 1991년 9월에 1,000만 엔의 손해배상과 신문에 사죄 광고를 게재할 것을 요구하며 제소하였다(니혼강재 손해배상 소송). 1999년 4월 6일 410만 엔으로 화해하였다. 화해 사항에는 김경석 씨와 니혼강관이 한일 간 역사에 불행한 한때가 있었던 것을 '진지하게 받아들여' 서로 화해한 것이라고 씌어 있다.

니혼제철日本製鐵(현재 신닛폰제철[新日本製鐵]) 가마이시製石제철소의 옛 징용공과 전쟁 말기의 함포사격으로 사망하였거나 산업재해産業災害로 사망한 유족 11인이 유골·미불금의 반환, 사죄와 보상을 요구하여, 1995년 9월 22일에 신닛폰제철新日本製鐵과 일본 국가를 상대로 제소하였다. 원고들의 미불금이 공탁되어 있는 것이 이 기업의 내부 자료로 확인되었기 때문에, 1997년 9월 18일 신닛폰제철이 유족 10명에게 200만 엔, 유골을 인수한 유족에게 위령제 참가비 5만 엔을 지불하기로 하고 화해가 성립되었다. 강제 노동을 시킨 기업이 해결금을 지불한 최초의 사례다.

더욱이 북한(조선민주주의인민공화국)의 피해자가 청구한 경우에는 공탁된 미불금을 반환한다고 일본 정부는 답변하고 있다.

후지코시강재不二越鋼材에 징용된 여자정신대가 미불 임금 등을 요구한 재판(후지코시 미불 임금 등 소송)은 2000년 7월 11일 최고법원 법정에서 화해가 성립되었다. 1심·2심 모두 원고들이 청구하는 한 임금은 시효에 의해 소멸되었다고 판결을 받았다. 지방법원은 1991년 8월 27일의 참의원 예산위원회에서 야나이 슌지柳井俊二 외무성 조약국장이 답변13)한 뒤 1년 시효가 성립되었다고 판단하고 있다. 고등법원(高栽)은 1945년, 늦어도 1965년 6월 '청구권·경제협력 협정' 조인 후 시효가 되었다고 판단하고, 어느 것이든 시효時效·제척除斥 기간14)이라는 이유로 청구를 거절하고 있다. 이외에도 미쓰비시중공업三菱重工業의 징용공의 재판 등 배상을 청구한 재판은 이 '시효'가 쟁점이 되었다. 1998년에 최고재판소가 처음 예외를 인정한 것 이외에는 이제까지 원고 측 주장은 인정되지 않았다. 2001년 7월 12일, 중국인 리우리엔르언劉連仁 씨의 손해배상을 요구한 재판에서는 제척기간의 적용을 제한하는 획기적인 판단을 보였다.

후지코시회사의 재판에서 항소는 배척되었지만, 2000년 3월 회사 측은 문제를 해결하고자 하였다. 회사 측과 원고들의 대리인이 직접 대화하여 7월 11일에 '화해'하기로 합의하였다. '화해'에서 후지코시는 원고들이 회사에서 '노동한 것에 대해 진지하게 받아들였'다. 해결금은 공표되지 않았지만 회사는 '적지 않은 금액'을 지불하고, '노동한 것을 나타내

13) 외무성 조약국장의 국회 답변: 한일협정은 개인의 청구권 그 자체를 국내법적인 의미에서 소멸시킨 것이 아니다(4장 1절 참조).

14) 시효·제척 기간: 민법 제724조에는 "불법 행위에 의한 손해배상청구권은, 피해자 또는 그 법정대리인이 손해 및 가해자를 알 때부터 3년간 이것을 행하지않을 때는 시효에 의해 소멸하고, 불법 행위를 할 때부터 20년을 경과할 때도 또한 같다"라고 되어 있다. '송신도(宋神道) 재판을 지원하는 모임'이 발행하고 있는 『송 씨와 함께』(1997년)에는 이 시효와 제척기간에 대한 알기 쉬운 해설이 있다. 그것에 의하면, 이 조문의 전단(前段)은 시효, 후단(後段)은 제척을 정하고 있다. 제척기간은 불법 행위에 의한 손해배상을 청구하는 권리로 20년을 넘기면 없어진다. 시효는 이익을 얻는 측(이 경우 국가)이 주장하면 적용되는데, 제척기간은 법원이 직권으로 적용할 수 있다.

기 위해' 회사 구내에 비석을 설치하기로 하였다.

기업 중에서도 미쓰비시중공업에 대해서는 몇 가지 손해배상 등 청구 재판이 발생하였지만 어느 것도 '화해'에는 이르지 못했다. 더욱이 2000년 5월에는 한국으로부터 미쓰비시 히로시마에 징용되었던 징용공이 손해 배상을 청구하는 재판을 걸었다. 또한 미국에서의 집단소송도 있었다.

강제 노동에 의한 손해배상이나 미불금 등의 소송은 거의 시효와 제 척기간이 적용되어 청구권이 소멸되었다. 법적으로 원고의 주장은 모두 거부되었다. '전후 보상'의 변호단은 민법에 규정되어 있는 제척기간을 국제적인 문제에도 적용할 수 있는지에 대해 의문을 던졌다.[15]

또한 니혼제철의 오사카제철소에 근무하고 있었던 여운택呂運澤 씨 등의 미불 임금을 청구한 재판에서, 오사카지방법원은 2001년 3월 27일 위법적인 강제 노동이라는 것을 인정하였다. 그러나 옛 헌법하의 국가 행위에 따른 개인 손실은 국가가 배상할 책임을 지지 않는다고 판단하여 청구를 기각하였다(국가무답책).[16]

이와 같이 강제 노동에 대한 보상이나 미불 임금의 청구는 시효·제척

---

15) 제척기간의 적용: 2001년 7월 12일, 리우리엔르언(劉連仁) 씨의 재판 에서 도쿄지방법원은 제척기간의 적용에 대하여 '정의·공평의 이념에 현저히 반한다'는 판단을 보였고, 또한 전시 중의 강제 연행, 강제 노동을 국책으로 인정한다고 판결하였다.

16) 국가무답책(國家無答責): 자국민에 대해서 무엇을 해도 국가에 책임을 묻지 않는다는 사고방식을 말한다. 대일본제국 헌법하에서 재산권의 보 장은 인정하고 있지만, 명문의 손실보상 규정은 아니고, 국가는 피해자에 대해서 '무책임(무답책)'이라는 견해가 학회의 지배적 견해였다. 전후보 상 재판은 메이지(明治)헌법하의 피해에 대한 배상 요구다. 메이지헌법 하의 이 '국가무답책'과 전후 「국가배상법」(1947년 10월 27일 시행)의 '불소급' 원칙에 의해 많은 전쟁 보상 소송이 배척되어 왔다.

기간, 국가무답책이라는 커다란 벽이 가로놓여 있다.

4. 국가와 기업의 책임: 중국인 강제 연행

니혼강관日本鋼管·신닛폰제철新日本製鐵·후지코시不二越의 재판에서 기업들은 원고들이 노동한 사실을 인정하였고 화해가 성립되었다. 이 경우들은 시효 또는 제척기간을 이유로 청구권이 소멸되었다고 판결되었음에도, 기업이 해결금 또는 화해금을 지불한 경우다. 기업이 국제적인 이미지를 고려하거나 도의적인 책임을 인정하고 화해에 응한 것이다. 그렇지만 변호인단의 노력에도 불구하고 화해 조항에는 '기업의 법적 책임'이라는 문구를 어디에도 넣을 수 없었다. 기업이 가장 저항했던 것은 바로 이 점이다.

그러나 '기업의 법적 책임'은 아니지만, '기업의 책임'에 대한 화해 조항은 있다. 중국인을 강제 노동시킨 가지마건설 주식회사에 대해 손해배상을 청구한 하나오카광산[17] (하나오카광산 강제 연행 사건)의 화해 조항이 그것이다.

1944년 3월 중국인의 본격적인 연행이 시작되었다. 이미 1942년 11

---

17) 하나오카(花岡)광산: 하나오카광산은 동(銅)을 산출, 1942년에 군수 공장으로 지정되었으며, 어려운 굴착을 계속하여 사고 다발 지역이었다. 1944년 봄, 7개관 갱 위를 흐르는 가코천(花岡川)이 함몰되어 22명의 희생자가 발생하였다. 하나오카의 수로를 부득이 변경하게 되었는데, 이것을 가지마구미(鹿島組)가 청부받았다. 가지마구미는 986명의 중국인을 가지마구미 하나오카출소 나카야마(中山) 숙소에 수용하였다. 노동자들은 기아와 폭력, 강제 노동을 참을 수 없어 1945년 6월 30일 일제히 봉기하였으나 진압되었다. 하나오카에서는 418명이 사망하였다. 일본의 강제 연행과 학대는 전후, 미군의 요코하마(横浜) 법정에서 책임자 7명이 재판되어 6명이 유죄 판결을 받았다.

월 도조 히데키東條英機 내각의 각료회의閣僚會議 결정으로 '중국인 노무자'를 일본에 '이입'할 것이 결정되었다.[18] 이것이 실행에 옮겨져 패전한 해 6월까지 단기간에 3만 8,935명이 일본으로 연행되었고, 가혹한 노동과 기아로 인해 6,830명이 사망 또는 행방불명되었다(1946년 2월 말).

중국인을 일본으로 '이입'할 것이 각의에서 결정된 후 1년 4개월의 기간 동안 일본 정부는 남방에서 체포된 연합국의 백인 포로를 이용하려고 하였다. 수송 수단이 한정되어 있는 가운데 백인 기술자를 조선이나 대만, 만주, 중국 등으로 이송하여, 생산이나 군사상 노무에 이용할 방침을 결정하고 실시하였다(「남방에 있어서 포로의 처리 요항의 건」, 1942년 5월 5일). 일본 국내의 탄광이나 공장에서도 백인 포로[19]를 사용하고 있었다.

국제법이나 일본의 '포로 노역 규칙'에서 금지되고 있는 장교나 부사관까지도 일본 육군은 '자발적'이라는 명목으로 노동하게 만들었다(육군성 포로 관리부 개발관계부대에 통첩, 「포로로 된 장교 및 준사관의 노무에 관한 건」 1942년 6월 3일). 기술을 가진 백인 포로는 얼마든지 필요했지만 '쇼난도昭南島'로 개칭된 싱가포르에 수용되어 있는 포로를 일본으로 이송하는 수송 수단은 한계가 있었다.

18) **중국인의 강제 연행**: 「중국인(華人) 노무자 내지이입에 관한 건」 (1942년 11월 27일).

19) **백인 포로**: 전시(戰時) 국제법은 군수산업이나 작전에 관련된 공장 등에 포로 사역을 금지하고 있는데 노동의 전면적 금지는 아니었다. 장교는 '자발적'일 것, 하사관 이하는 임금 지불이 조건이었다. 일본은 포로를 '노무 동원 계획'에 넣어, 육군성 관리하에 있는 포로수용소에 수용·관리하여, 명명표에 따른 조사부에서 필요한 포로를 '대동아공영' 각지로 이송했다. 또한 포로 노동에 기업이 임금을 지불하게 되었는데(1942년 2월 20일 『陸達』 8호), 그 가운데 일부는 국고에 납부되었다(「포로 임금의 국고납금 취급에 관한 건」, 1943년 6월 4일 『陸亞普』 715호).

하나오카 사건의 공동발표

공동 발표

1944년부터 1945년에 걸쳐, 주식회사 가지마구미 하나오카광산출장소에서 수난당한 중국인 생존자·유족이 이번에 일본에 와서 가지마건설 주식회사를 방문하고, 다음 사항의 인식이 일치되었으므로 여기에 발표한다.

1. 중국인이 하나오카광산출장소의 현장에서 수난당한 것은, 각의 결정에 기초하여 강제연행·강제 노동에 기인하는 역사적 사실이고, 가지마건설 주식회사는 이것을 사실로 인정하여 기업으로서도 책임이 있다고 인식하고, 당해 중국인 생존자 및 그 유족에 대해서 심대한 사죄의 뜻을 표명한다.
2. 중국인 생존자·유족은 위의 사실에 기초하여 작년 12월 22일자로 공개 서한을 가지마건설 주식회사에 보냈다. 가지마건설 주식회사는 이것에 대해서 쌍방이 대화로 해결하기 위해 노력을 해야만 하는 문제임을 인정한다.
3. 쌍방은 이상의 것과 '과거의 것을 잊지 않고 장래의 경계로 삼는다'는 저우언라이(周恩來)의 정신에 기초하여, 금후 생존자·유족의 대리인 사이에 협의를 계속하여 문제를 조기 해결하는 것을 목표로 한다.

1990년 7월 5일 도쿄에서
하나오카 사건 중국인 생존자·유족을 대표해서
껑 준(耿諄)
대리인으로서 변호사 니이미 다카시(新美隆)
변호사 우치다 마사토시(內田雅俊)·다나카 히로시(田中宏)
우쓰미 아이코(內海愛子)·린뿌어야오(林伯耀)
가지마건설 주식회사 대표이사 부사장 무라카미 미쓰하루(村上光春)

그래서 중국에서 1943년 4월에 하역노동자로서 약 220명이 '시험 이입'된 것을 시작으로 1944년부터 본격적으로 '이입'되기 시작하였다. 134개 사업소에 연행된 중국인은 1년 반 사이에 17.5%의 사망자가 나올 정도로 가혹한 노동을 강요받았다. 패전 후, 중국인은 미불 임금을 교섭함과 동시에 자신들은 노무자가 아니라 국제법상의 포로 신분이라는 것을 확인하는 교섭을 하였다.

가지마구미(현재 가지마건설) 하나오카花岡광산 출장소는 특히 가혹한 현장이었다. 1945년 6월 30일 학대에 항의하여 중국인 노동자가 봉기하였다. 봉기와 그 후의 학대로 418명이 희생되었다. 패전 후 아키타秋田지방 법원의 판결 직후 하나오카광업소 사건이 연합국에 알려져 조사에 들어갔다. 중국은 연합국의 일원이고, 그 국민에 대한 학대는 전쟁 범죄다. BC급 전범 재판이 있었던 요코하마법정에서는 가지마구미 가코출장소의 관계자 7명을 재판하였다.

봉기의 지도자 껑 준耿諄 씨를 중심으로 피해자들이 가지마건설에 사죄와 보상을 요구하면서 교섭하기 시작한 것은 1990년이다. 가지마건설과 껑 준 씨 사이에 교섭이 계속되었다. 그 결과 '공동 발표'가 행해졌다. 가지마건설은 하나오카광산에서의 중국인의 수난이 각의 결정에 기초하여 강제 연행·강제 노동에 기인하였음을 인정하였고, 그 다음에 '기업으로서도 책임이 있다고 인식'하였다. 그들은 생존자와 그 유족에게 '깊은 사죄의 뜻'을 표명하였다. 국가의 정책에 기초한 기업의 행동에 '책임'이 있다는 것을 인정한 것이다. 나는 몇 번이나 교섭 과정에 참여하였지만, 가지마건설은 '법적인 책임'을 인정하지 않으려고 저항하였다. 그렇지만 회사 간부들이 껑 준 씨 등 중국 측 대표자에게 깊은 경의를 나타내면서 만난 것은 인상적이었다. 그것이 '공동 발표' 문구가 되었다.

그러나 그 후 교섭이 진전되지 않은 가운데 1995년 6월 28일 중국인 피해자 11명이 원고가 되어 손해배상청구 재판을 제기하였다. 1997년 12월 10일에 청구는 기각되었다. 1999년 9월 10일 도쿄고등법원은 직권에 의해 화해를 권고하였고, 2000년 11월 29일 20회에 걸친 교섭을 통해 화해가 성립되었다. 중국 홍십자회에 5억 엔을 신탁하여 '하나오카 평화우호기금'을 설립하고, 피해자와 그 유족의 자립이나 장학금 등으로 기금을 사용하게 되었다. 하나오카에 연행된 중국인 전원을 대상으로 한 획기적인 '기금'이다. 이것은 다른 3건의 화해와 크게 다른 점이다(2001년 27일 지불 개시).

화해 성립에서, 화해 조항 제1항에는 쌍방이 1990년 '공동 발표'를 재확인하는 문장이 들어 있다. 다만 가지마는 이 발표가 '법적 책임을 인정하는 취지의 것은 아니'라고 주장하였고 원고 측도 이것을 '이해했다'고 한다. 가지마는 기업의 법적 책임 문구를 공식적으로 공동발표문에 넣는 것을 거절하였다. 그러나 '공동 발표'가 살아 있다는 것은 각의 결정에 기초하여 강제 연행·강제 노동에 가지마도 '기업으로서도 책임이 있다'라는 것을 재확인하고 있는 것이다. 국가와 기업의 책임을 인정한 화해가 성립된 것이다.[20]

중국인 강제 연행은 전국 135개 사업소에서 행해졌다. 피해자들은 가지마 이외의 기업에 대해서도 소송을 걸었다(권말 표 참조). 또한 2000년

---

20) 화해 거부의 움직임: 2001년 6월 26일, 화해를 거부하는 일본 정부와 기업의 책임을 계속 추급하는 하나오카수난자연의회(花岡受難者連誼會, 회장 루탕쑤이[魯堂鎭])가 결성되어, 미국에서 소송을 걸 예정이라 한다.

12월 27일에는, 중국의 허베이성河北省 고급 인민 법원에서도, 구마가야 구미熊谷組, 가지마건설鹿島建設, 스미토모금속住友金属 등을 상대로 손해배상 집단소송을 걸었다. 중국 국내에서의 소송이 진행되어 가는 과정은 '중일공동성명'에 따른 배상 포기에 개인의 청구권이 포함되었는가 아닌가에 대한 관심으로 주목되었다.[21]

한편 전후보상 운동은 아시아 피해자들의 요구가 중심이었지만, 시베리아에 억류된 일본인 피해자들도 일본 정부에 보상 요구 운동을 계속해 왔다.

'시베리아 억류'는 패전 후 옛 만주에서 무장 해제된 일본군 군인이나 일부 민간인을 소련 또는 몽골로 연행하여 강제 노동시킨 문제다. 그 수는 60만 명, 2년부터 11년에 걸친 강제 노동으로 6만 8,000명이 영양실조나 과로, 추위 등으로 사망하였다. 1977년 '전국억류자보상협의회'[22]가 결성되어, 강제 노동한 임금 지불을 요구하면서 제소하였다. 그러나 1997년 최고법원은, 대만인 옛 일본병의 경우와 같이 '국민이 같이 인내해야만 한다'고 하면서 소송을 배척하였다.

이 억류된 '일본인' 가운데 1만 명 내지 1만 5,000명 정도의 조선인이

---

21) 중일공동성명에 따른 배상 포기: 2장 3절 각주10 참조.

22) 전국억류자보상협의회(全國抑留者補償協議會): 시베리아에 장기 억류되어, 강제 노동을 강요받은 옛 군인들을 중심으로 국가 보상을 요구하는 소리가 높아져, 1977년에 '전국억류자보상협의회'(全抑協)가 결성되었다. 1981년 4월 13일, 배상과 국가 보상을 요구하여 '시베리아 강제 노동 보상청구 소송'을 도쿄지방법원에 제소, 재판 중의 포로 지위 확립을 목표로 하였다. 1986년에는 제네바조약(1949년)의 번역이 잘못되었음을 지적하고, 정부에 정식으로 이것을 인정받은 것 이외에 러시아 정부로부터 발급된 노동증명서를 제출하는 등 자료를 발굴하고 문제를 제기했다. 1989년 4월 1심 판결은 기각되었고, 2심에서는 러시아 정부가 발행한 노동증명서를 제출하였다.

포함되어 있다. 그들은 일본인과 별도로 재판을 걸었다. 그 외에 중국에서 살고 있던 조선인 옛 일본병 한경득 씨가 군사우편저금을 돌려 달라고 요구하였지만, 물가에 대한 일체의 고려도 없이 이자 계산만 하여 돌려주었다.

5장

재판정에 선 '위안부제도'

1. 민간법정의 '판결'

2000년 12월 2일, 도쿄의 일본 청년관은 흥분으로 넘쳤다. 8일부터 시작되었던 '일본군의 성노예제를 재판하는 여성국제전범 법정'[1]의 최종일이었다. 게이 맥두걸Gay J. McDougall 재판장은 2시간 가까이 판결 요지를 낭독한 후 명쾌한 목소리로 '결론'을 지었다.

---

[1] **여성국제전범 법정**: 일본 '전쟁과 여성에의 폭력 일본네트워크 (Violence against Woman in the War Network, VAWW-NET, JAPAN)', 한국 '정신대문제대책협의회', 필리핀 '여성인권을 위한 아시아센터 (Asian Center for Womes Human Rights)'의 세 단체에서 구성한 국제실행위원회가 주최하는 국제 민중 법정. 법적 구속력은 없다. 이와 같은 것으로, 예전에 버트런드 러셀(Bertrand Arthur William Russell)이나 사르트르(Jean-Paul Charles Aymard Sartre)가 베트남전쟁 반대운동 속에서 미국과 그 동맹국을 재판한 러셀 법정(1967년)이 있다. 이 법정도 법적 구속력을 가지지 못했지만 미국이 베트남에서 벌이고 있는 전쟁 범죄를 고발했다.

'법정'은 제출된 증거에 기초하여 검찰단이 피고인 '천황' 히로히토裕仁의 범죄에 대해 입증했다는 것을 인정하고, '천황' 히로히토가 공통 기소장 중 인도人道에 관한 죄, 강간과 성노예제에 대한 책임에서 유죄라고 인정하였다. 더욱이 재판관은 일본 정부가 '법정헌장' 제4조를 근거로 '위안부'제도의 설치와 운영에 대하여 국가가 책임을 진다고 판정하였다.

도쿄재판('극동국제군사재판')에서 책임을 묻지 않고 심리조차 되지 않았던 일본군의 전시 성노예제가 재판된 순간이었다. 회장을 메운 1,000명을 넘는 사람들 사이에 동요가 일어났다. 박수 클라이맥스는 없었다. 증언을 계속해 온 피해자의 여성들이 일어서서 재판관에게, 검찰관에게, 그리고 청중을 향하여 크게 손을 흔들었으며 손수건을 흔들었다.

권력을 가지지 않은 시민들이 만든 법정이었지만 국제법에 준한 판결이 난 것이었다. '법정'에서 생존자들은 납치·감금이 계속된 생활 속에서 반복된 강간, 성노예라고 표현될 수밖에 없는 위안소의 실태를 증언하였다. 그것도 그들의 체험 가운데 아주 적은 일부에 불과하였다. 그렇지만 '법정'에 출석할 수 있었던 피해자는 극히 적은 사람들이다. 증언자 배후에는 몇 백 명, 몇 천 명, 아니 몇 만 명의 피해자가 있을 것이다. 굴욕이라는 생각에 누구에게도 말할 수 없었던 체험을 가슴 속에 숨겨둔 채로 사망한 많은 옛 '위안부' 여인들. 그녀들의 생각을 짊어진 생존자들의 무겁고 무거운 증언이 3일간 계속되었다. 두들겨 맞아 뼈가 부러져 몸이 변형되고 만 중국의 완아이후아萬愛花 씨는 증언 도중에 정신을 잃었다. 3일간의 검찰 측 논고 가운데, 패트리샤 셀러스Patricia Viseur Sellers 검사는 증언을 한 피해자들을 향하여 '참 용기가 어떤 것인지 당신들은 몸으로 보여 주었다'

며 위로와 경의를 표하였다. 위안소 제도에 책임이 있다고 기소된 다른 피고를 포함한 '법정'의 최종 결정은 2001년 12월 4일 네덜란드의 헤이그에서 내려졌다. 전원 유죄다.

셀러스 검사는 '여성국제범죄 법정'을 '도쿄재판의 재심리'라고 모두에게 말하였다. '도쿄재판'[2]에서는 '인도人道에 대한 죄'를 판결하지 않았다. '평화에 관한 죄'와 '통상적인 전쟁 범죄'를 중심으로 일본군의 전쟁범죄가 다스려졌다. 그렇지만 식민지를 포함해서 자국 국민에 대한 전쟁범죄는 무시되었고, 또한 젠더gender(성性)의 관점도 빠져 있었다. '법정'은 뉘른베르크재판(International Military Tribunal at Nurenberg)[3]에서도 적용되었던 '인도에 대한 죄'에 따라, 식민지 지배와 조직적으로 광범위하게 대규모로 행해졌던 성폭력의 국가책임을 묻고 있던 민중 법정이었다. 또한 법정은 '화해'를 명시하지 않았는데, 그것은 성폭력이 정치적인 동기에 의한 폭력이 아니기 때문에 면죄에 의한 화해의 대상으로 되지 않는다고 판단하였기 때문이다.

2) 도쿄재판: 2차 세계대전 후, 연합국 11개국이 일본의 중대 전쟁 범죄인을 판가름한 재판. 정식 명칭은 극동국제군사재판. 전후 새롭게 규정된 '평화에 대한 죄', '인도에 대한 죄', '통상적인 전쟁 범죄'라는 세 가지의 전쟁 범죄 개념으로 28명이 기소되었다. 1946년 5월 3일부터 1948년 4월 16일까지 심리가 열렸다. 11월 12일 판결에 따르면, 도조 히데키(東條英機) 등 7명이 교수형(1948년 12월 23일 집행), 기도 고이치(木戸幸一) 등 16명이 종신금고형 등.

3) 뉘른베르크재판: 1945년 11월 20일부터 1946년 10월 1일까지 뉘른베르크에서 열린 미국·소련·영국·프랑스에 의한 국제군사재판이다. 기소원인은 '침략 전쟁의 공동모의', '평화에 대한 죄', '전쟁 범죄', '인도에 대한 죄'라는 네 가지 죄목이었다. 독일 제3제국의 나치당, 군, 재계의 지도자 24명과 6개의 집단 및 조직이 기소되었다.

2. 강간과 '위안소'

'도쿄재판'의 판결에서도 중국 전선戰線에서 일본군의 약탈·강간이 일상화되어 있었다는 것을 인정하고 있다.

군인·군속들을 재판하는 「육군형법」(1907년 4월 9일 법률 제46호)에서는 약탈에 대해 취조하고 있다. 약탈하면서 '부녀를 강간할 때는 무기 또는 7년 이상의 징역에 처한다'고 되어 있다(제9장 제86조 '약탈의 죄'). 그러나 오직 강간을 한 경우는 일반 형법에 따라 강간죄가 적용되었는데, 친고죄親告罪라 하여 피해자가 고소하지 않으면 처분할 수 없었다. 이렇듯 법적으로 미비할 뿐만 아니라 부하의 불미스런 일은 상관 자신의 성적과 관련된 일이므로 거의 보고하지 않았다. 중국 전선에서는 악질적인 군율 위반이 다반사로 발생하였다. 이 때문에 1942년 2월에 육군형법이 개정되어,[4] 강간죄가 '무기 또는 1년 이상의 징역'으로 되었다. 또한 피해자는 물론 목격자 등이 범죄를 고발할 수 있도록 하였다. 전쟁터나 점령지에서 강간이 다발하고 있었다. 그 방지와 군율을 철저히 하기 위해 육군형법을 개정한 것이다.

그러나 일본군은 강간을 방지하는 한편, 이미 점령지 전역에 '위안소'를 만들고 있었다. 여기에는 조선인 여성을 중심으로 한 점령지의 젊은

---

4) **육군형법의 개정**: 제9장 제86조 '약탈 및 강간의 죄'로 개정되어, 다음 조문이 추가되었다. 전쟁터(戰地) 또는 '제국군(帝國軍)'의 점령지에서 부녀를 강간한 자는 무기 또는 1년 이상의 징역에 처함(88조의 2항). 또한 강간죄가 비친고죄(非親告罪)로 되어 피해자만이 아니라 목격자가 범죄 사실을 고발하는 것이 가능하게 되었다.

[그림 5-1] 옛 '위안부' 김학순 할머니가 일본 정부의 직접 사죄와 보상을 요구하고 있다
(마이니치 신문[每日新聞], 1994년 11월 30일자)

[그림 5-2] 2000년 12월 12일 여성 국제재판법정(장소: 야스쿠니신사의 옆 도쿄구단[東京九段])

여성들을 연행하고 있었다. 전후에도 '위안소'의 실태는 확실하게 밝혀
지지 않았다. 중국이나 필리핀 등 전쟁터에서의 강간은 '도쿄재판'에서
증거가 제출되었고, BC급 전범재판에서도 일부는 재판되고 있다.[5] 그러
나 조선인을 중심으로 한 '위안소'의 문제는 전혀 취급되지 않았다.

[표 5-1] '위안부' 문제에 대한 일본 정부의 대응	
1990년 6월	노동성 직업 안정국장, 참의원 예산위원회에서 질문에 '민간업자가 데리고 걸어갔다', '조사는 할 수 없다'
1992년 1월 13일	가토 고이치(加藤紘一) 관방장관 담화로 '위안부 제도에 옛 일본군이 관여했음은 부인할 수 없다'고 표명
1992년 1월 17일	미야자와 기이치(宮沢喜一) 수상, 한일 수뇌회담에서 노 대통령에 사죄. '사죄와 반성의 마음'을 표명
1992년 7월 6일	일본 정부가 제1차 조사 결과(127건의 자료)를 공표. '군(軍)의 관여는 인정하지만, 강제 연행을 입증하는 자료는 없다'
1993년 8월 4일	일본 정부의 제2차 조사 결과를 발표, 고노 요헤이(河野洋平) 관방장관 담화로, '위안부들의 의지에 반해서 행해졌다'고 언명
1993년 11월 6일	호소카와 모리히로(細川護熙) 수상, 한일 수뇌회담에서 사죄. '식민지 지배에 의한 피해자에 대해서 가해자로서 반성과 진심으로 사과(陳謝)'를 표명
1995년 7월 18일	'여성을 위한 아시아 평화국민기금' 설립. 1996년 8월 지급 시작
1995년 8월 15일	무라야마 도미이치(村山富市) 수상, '전후 50년을 맞이한 수상 담화'에서, 반성의 뜻과 마음으로부터 사죄하는 마음을 표명 이후 '전시 성적 강제 피해자 문제(戰時性的强制被害者問題)'의 해결 촉진에 관한 법안' 등이 제출되었지만 성립되지 않음

1991년부터 맞붙은 전후보상 재판 중 '위안부' 관련 재판은 7건이다. 그 판결은 시효와 제척기간으로 공소가 배척되기도 하고(송신도[宋神道] 재판), '헤이그조약' 3조6)에 따라, 개인이 가해국에 직접 손해배상을 청구하는

5) 스마란(Semarang)위안소 사건: 1944년에 인도네시아의 스마란에서 네덜란드 여성을 강제 연행하여 개설한 '위안소' 사건. 이 사건은 전후 네덜란드 바타비아법정에서 재판되어 책임자인 헌병 소좌가 사형, 그 외 민간인을 포함 8명이 유죄 판결을 받았다. 그러나 여전히 연합국에 의한 BC급 전쟁 재판에서는 아시아인 여성을 '위안부'로 삼은 경우의 책임은 거의 추궁하지 않았다.

6) 헤이그조약 3조: 헤이그조약(Convention respecting the Laws and Customs of War on Land, Hague IV)은 「육전(陸戰)의 법규 관례에 관한 조약」을 말한다(1911년 1월 13일 공포). 제3조에서는 "교전(交戰) 당사

권리를 인정하지 않는다는 판결로 인해 공소가 배척되어 왔다(필리핀 '종군위안부' 재판).

그 속에서 통칭 '간부재판關釜裁判'인 시모노세키下口 판결은 획기적인 것이었다(권말 표 25번). 1998년 4월 27일, 야마구치山口지방법원 시모노세키 지부는 국회의원의 정치적 태만에 패널티를 부과하고 전후보상을 위해 신속하게 입법을 진행하여 이를 해결할 것을 재촉하였다. 국가가 보상 입법을 태만히 하는 행위를 위법이라 하여, 원고 3인에게 위자료 각 30만 엔을 지불하도록 명령하였다.

더구나 30만 엔이라는 금액은 배상금으로서 너무나도 적은 금액이다. 1993년 8월 4일, 고노 요헤이河野洋平 관방장관이 일본 정부의 제2차 조사에서 '위안부'들의 의지에 반하여 행동하였다는 것을 밝히고, 중대한 인권 침해가 행해졌다는 것을 인정하였다. 그럼에도 국회는 합리적인 입법기간 3년을 넘기고도 보상 입법을 만들지 않았기 때문에 옛 '위안부'들을 방치하여 그 고통을 배가시켜 왔다. 이른바 배상금은 이러한 국회의 태만에 대한 국가배상분인 셈이다.

시모노세키 판결에서는 '위안부 제도'를 원고가 주장하는 바와 같이 철저히 여성 차별·민족 차별 사상에서 나타난 것이고, 여성 인격의 존엄성을 근저로부터 침해하고 민족적 차별을 답습하는 것이라고 지적하였다. 게다가 결코 과거의 문제가 아니라 현재에도 극복해야만 하는 근원적

자는 손해가 있을 때는 배상을 책임질 만한 것이다"라고 되어 있다. 필리핀 '위안부' 재판에서는 이것이 국가에게 배상 의무를 부과하고 있지만, 피해를 받은 개인이 직접 가해국에 손해배상을 청구할 권리는 인정하지 않는다고 판결하여 청구를 기각했다.

인권 문제인 것 또한 명백하다고 언급하고 있다. 재판관들은 원고들에게 깊은 인간적 공감을 가지면서 현재의 사법 범위에서 될 수 있는 것을 최대한 추구하고자 한 '획기적인 판결'이었다.[7] '위안부' 관련 재판 중에서 사법부가 일보 진전된 판결을 낸 유일한 재판이었다. 그러나 2001년 3월 29일 히로시마고등법원은 원고들의 심정은 헤아릴 여지가 있지만, 보상에 대한 구체적인 방법은 '입법부의 재량적 판단'이라고 하여 원고들의 공소를 거절하였다. 또한 입법화하지 못함에 따라 배상청구까지 각하하였다.

3. 보상금

한일조약을 체결하는 단계에서는 '위안부' 문제를 완전히 표면화하지 않았기 때문에 일본 정부로서도 무언가 '보상금'이라도 지불해야 하지 않을까라고 생각하기 시작했다.[8] 이것은 1995년 7월 18일 재단법인 '여성을 위한 아시아 평화국민기금'(국민기금)의 설립으로 나타났다. 일본 정부의 배상금 해결 완료라는 체계를 무너뜨리지 않고, '기금'이 재단의 운영자금을 국가로부터 받고 국민으로부터 기금을 거출하여 수상의 '사죄편지'를 넣어 옛 '위안부'들에게 보상금을 건네주고자 하였다. 게다가 의료복지사업을 통한 방법을 생각하였다. 이것은 일본 정부가 배상은 끝났

---

7) **획기적 판결**: '위안부'와의 관계에 대해서 재판관들이 일보 진전된 판결을 내렸지만, 여자 정신대 문제에 대해서는 보상 등 원고 측의 요구가 인정되지 않았다.
8) '위안부' 문제에 대한 일본 정부의 대응: 5장 2절 [표 5-1] 참조.

다고 하는 체계를 변화시키지 않고 할 수 있었던 궁여지책이었다.9)

그렇지만 옛 '위안부' 사이에서는 이것들이 일본 정부의 공식 사죄와 국가에 의한 보상이라 할 수 없다고 하여 강하게 반발해 왔다. 기금이 설립되고부터 '보상금'을 받은 사람, 어디까지나 국가에 의한 보상을 요구하면서 받기를 거부하는 사람 등 '보상금' 수령을10) 둘러싸고 피해자들 사이에서도 균열이 생겼다. 지원하는 운동 단체들 사이에서도 의견이 나뉘었다.

국제연합인권위원회11)는 '위안부' 문제를 조사하고 2개의 보고서를 내었다. 1996년 2월 6일 이 위원회는 라디카 쿠마라스와미Radhika Coomaraswamy '여성에 대한 폭력' 특별보고자가 제출한 보고서(「전시하 군대 · 성노예제에 관한 보고」)에 주목하였다. 보고서에는 '위안부제도'가 '인도에 대한 죄'에 해당하고 일본 정부에 책임이 있다고 하였다. 이에 따라 일본 정부에게 피해자의 인권 회복과 보상, 서면에 의한 사죄, '위안소' 관여자 처벌 등 여섯 가지를 '권고'하고 있다.

1998년 8월 12일에는 국제연합인권위원회 차별 방지, 소수자보호

9) '위안부'에 대한 의료 · 복지사업: 네덜란드에서는 구 네덜란드령 인도에서 '위안부'로 된 네덜란드인 여성 78명, 의료 복지 서비스 등을 실시. 2억 4,150만 엔이 지출되었고 2001년 7월 13일에 사업은 종료되었다.

10) '보상금' 받기: '보상금' 지급은 1996년 8월 필리핀의 피해자 5명을 시작으로 시행되었으며, 한국에서 받은 것은 1997년 1월부터였다.

11) 국제연합인권위원회(Commission on Human Rights): 국련의 경제사회 이사회의 하부 기관. 위원회는 53개국으로 구성되어, 인권 문제에 관한 주요한 정책결정의 기관이다. 조사연구나, 국제인권선언을 수정하고 초안을 작성한다. 인권 침해의 제기를 조사하고 심의한다. 이 위원회 아래에 다수의 하부 기관이 있다. 인권위원회도 그중 하나다.

소위원회는, 게이 맥두걸의 「무력 분쟁하에서 조직적 강간, 성적 노예 및 노예제 유사 관행에 관한 보고서」를 채택하였다.[12] 맥두걸 보고서는 전시 성폭력에 대한 처벌을 하지 않는 순환을 단절시키기 위해 가해자의 책임을 묻고 피해자가 충분한 보상을 받는 것이 불가결하다는 것과 일본 정부의 법적 책임을 밝혔다. 이에 책임자 처벌과 피해자에 대한 국가보상을 권고하고 있다. 맥두걸은 일본 강연에서도 '아시아여성기금'에서는 일본의 법적 책임이 부과되지 않았다고 말하고 있다(1999년 6월 1일).

국제노동기구(ILO) 전문가위원회는, 2001년 3월 16일까지 옛 '위안부'가 '기금'에 의한 보상[13]을 받지 않는 현실로부터, 일본 정부가 '아시아여성기금' 이외의 방법으로 적절한 보상을 할 것을 요청하는 보고서를 냈다. 1996년, 97년, 99년에 이어 네 번째의 권고다.

---

12) "CONTEMPORARY FORMS OF SLAVERY, Systematic rape, sexual slavery and slavery-like practices during armed conflict", Final report submitted by Ms. Gay J. McDougall, Special Rapporteur.
13) **국민기금의 보상금**: 한국·대만·필리핀에게는 1인 200만 엔과 의료 복지 기금(120~300만 엔), 네덜란드는 의료 복지 지원금 1인 280만 엔으로 되어 있다.

6장

전후보상 재판을 둘러싼 새로운 움직임

1. 보상 입법을 촉구하는 판결

아시아 피해자들의 계속되는 보상 요구는, '평화조약'이나 해당 국가와의 조약으로 배상이 이미 끝났다고 주장하는 일본 정부의 견해와 정면으로 배치되는 것이다. 그동안 우리들도 일본 정부가 주장하는 체계를 전제로 전후의 일본을 생각해 왔다. 그러나 다시 조약을 읽고 배상 실태를 조사해 보면, 일본의 배상은 '존립 가능한 경제를 유지시켜야만 하는 것'이라는 조건 아래, 피해국들에게 충분한 배상을 할 수 없다는 인식을 기반으로 이루어진 것이다. 또한 이미 외무성 조약국장도 답변한 바와 같이 해당 국가 간의 조약에서 포기된 것은 외교보호권이고 개인 청구권은 남아 있는 것이다.

시효나 제척기간 때문에 개인의 손해배상 공소가 거절되는 판결이 많았지만, 기업과의 사이에는 '화해'도 진행되고 있다. 국가는 무답책無答

策이라는 메이지明治헌법하의 사고방식을 가지고 있고, 전쟁은 국민이 다함께 희생을 감내할 수밖에 없다는 수인론受忍論을 최고법원이 가지고 있기 때문에 개개인의 청구는 계속 거절당해 왔다. 재판에서는 원고 측으로부터 개인에게 배상청구권이 있다는 국제법의 새로운 해석이 「테오 반 보벤Theo van Boven 유엔최종보고서」[1]에도 제출되어 있었지만, 종래의 재판소 해석을 뒤엎을 수 있을 정도는 아니었다. 국제법의 세계적인 흐름은 일본 재판소의 판단과는 다르게 움직이기 시작했음에도 일본의 판결에서는 더욱 개인의 배상청구권을 인정하지 않고 있다. 판결의 다수는 국가무답책, 제척기간·시효, 국민 감내론 등을 내걸고 청구를 거절하는 한편, 보상입법은 '입법부의 재량적 판단'이라고 회피하고 있다.

1990년대에 계속된 전후보상 재판은 경제 대국이 된 일본이 전쟁 피해자에 대한 보상을 재고할 것을 요구하고 있다. 지방법원, 고등법원, 더욱이 최고법원에서 싸웠던 재판 가운데에는 청구는 각하되었으나, 피해 사실을 인정하고 보상입법을 하도록 '부언'하고 있는 판결이 몇 군데에서 나오고 있다.

1998년 7월 13일 도쿄고등법원에서, 한국인·조선인 BC급 전범자 소송도 '국정 관계자가 이 문제를 조기 해결하기 위해 적절한 입법 조치를

---

1) 「테오 반 보벤 유엔최종보고서」: 1993년 8월 유엔인권위원회 소위원회에 제출된 중대 인권침해에 의한 피해자에 대한 보상 문제의 특별보고자, 보벤 교수의 최종보고서 「인권과 인도법(人道法)의 중대 침해 피해자의 배상을 받는 권리에 관한 원칙과 가이드라인」. 모든 피해자는 공정하게 충분한 보상을 받을 권리가 있고, 그 보상에는 금전보상, 위법행위자의 처벌, 사죄 또는 보상, 재발 방지의 보장 등이 포함되어 있다. 중대한 인권 침해에는 처벌과 보상이 필요하고, 어느 것이라도 국제법상 시효는 없다고 되어 있다.

강구할 것이 기대되고 있는 것이다'라고 '부언'하고 있다(권말 표 15번). 또한 1998년 9월 29일 도쿄고등법원은 「전상병자 전몰자 유족 등 원호법」의 국적 조항 등을 개폐하여 입법할 것, 또는 이것에 상응하는 행정상의 특별 조치를 채택할 것을 '강하게 기대한다'고 부언하고 있다(권말 표 19번).

국회에서 입법을 통하여 해결하도록 재촉하는 판결이 계속 나왔지만 국회의 움직임은 둔하다. 일본에 살고 있는 군인·군속에 대한 '위로금' 지급 법률이 제정되어 2001년도부터 실시된 것 이외에, '위안부' 관계 입법이 국회에 제출되었을 뿐 눈에 띄는 움직임은 없다.[2]

그 가운데 '위안부' 문제를 입법에 의해 해결하고자 2000년 4월 옛 '위안부'의 보상입법을 요구하는 변호인단협의회(좌장 아이타니 구니오[藍谷 邦雄])가 「전시 성적 강제 피해자 배상요강안」을 발표하였다. 「요강」은 '위안부'를 강제한 것과 전후 방치된 것에 대한 사죄와 배상을 목적으로 하고 있다. 민주당·공산당·사민당은 각각 2000년 10월 30일에 「전시戰時 성적 강제피해자 문제해결 촉진법안」을 제출했는데, 심의 미완료로 폐안되었다. 2001년 3월 21일에는 위의 3당이 다시 한 번 공동으로 위의 법안을 참의원에 제출하였다.

2) 최근 일본에서 민주당이 정권을 잡음으로서, 전후 60년간 자민당 독주의 정치가 정지되었다. 이에 따라 「전후보상입법」에 대한 움직임이 국회의원과 변호인단, 시민단체 사이에 활발해지고 있다—옮긴이.

2. 반응이 둔한 일본 정부

유엔의 권고나 재판소로부터의 입법을 재촉하는 부언이 계속되고 있지만 일본 정부는 반응이 둔하다.[3] 전후 개인 보상을 계속해 온 독일은, 1999년 12월 게르하르트 슈뢰더Gerhard Schröder 수상이 나치시기에 강제 노동을 시킨 유태인이나 포로들에게 보상하기 위해 보상기금재단을 창설할 것을 밝히고, 2000년 7월 6일 '기억·책임·미래기금'을 만들었다. 미국에서 나치 강제 노동 피해자들의 집단소송이 진행되고 있는 중에, 이 기금은 독일 기업 약 6,000사에 매상의 0.1% 정도를 거출하도록 요구하였다. 정부와 기업이 각 50억 마르크를 거출해서 총액 100억 마르크(약 5,400억 엔)의 기금에 의한 지불로 '면책 보증'을 요구한 것이다. 2001년 6월 15일부터 1인 5,000~1만 5,000마르크(약 27만~80만 엔)를 지불하였다. 대상은 약 120만 명으로 보고 있지만 150만 명이 넘을 것으로 예상하였다.

재미 한국인이나 중국인도 미쓰이·미쓰비시 그룹을 상대로 손해배상을 요구하는 집단소송을 걸었지만, 일본 정부는 이러한 움직임에 아무런 대응을 하지 않고 있다.

2000년 10월 11일에 일본강제노동보상기금연구회(대표 마쓰오 쇼이치[松尾 章一] 호세이대학[法政大學] 교수)가 '일본강제노동보상기금'을 제언하고 있다.

---

3) '위안부(慰安婦)'에 대한 각국의 조약: 일본 정부에 의한 해결이 진행되지 않은 가운데, 대만은 1997년에 '위안부'에 대해서 대만 정부 선금 지급금을 1인 50만 대만달러(200만 엔) 지급. 한국 정부는 1998년에 1인 3,150만 원(298만 엔)을 지급하였다('위안부'는 군대에서 당시 사용하던 명칭 그대로이며 따옴표로 표시하였다. 종군위안부[從軍慰安婦]라고도 하였다 ─옮긴이).

이것은 '피해자에 대한 가해 행위와 피해 사실을 직시하고, 솔직하게 그 책임을 인정해 '강제 노동'에 의해 인간의 존엄성을 해친 사람들의 피해 회복 요구, 특히 명예 회복 요구를 진지하게 받아들일 것'을 목적으로 하는 기금이다. 일본국과 일본 기업의 거출로 기금을 설립하여 '피해자 개인에 대한 사죄와 피해 회복을 돕기 위한 급부금의 지급', '피해자 유족에 대한 조위금의 지급', '과거 사실을 조사·연구하고, 이 기억을 후세에 계승하기 위해 여러 가지 프로젝트를 기획·추진하기 위한 지출'을 하고자 하였다. '보상금의 지불 방법'은 일본과 피해국에 각각 보상기금센터를 설치하고 피해자와 프로젝트에 배분하는 등의 구상이 제출되어 있다.

'전후보상을 생각하는 변호사 연락협의회'(좌장 이마무라 쓰쿠외今村嗣치] 변호사)도 이미 1995년에 「전후보상법」을 정리하였고, 정부 출자에 의한 '외국인 전후 보상기금'을 설립하여 피해자들에게 순차 지급하는 방식의 '법안'을 국회에 제출할 것을 검토하고 있다.

전후보상을 요구하는 재판은 69건(2001년 10월 당시), 이외에 아시아나 미국에서의 제소도 있다. 많은 사람들이 피해자와 교류하고, 역사자료를 조사하고, 재판 비용을 모으는 등의 활동을 통해서 재판을 지원하여 왔다. 이러한 활동은 일본인의 역사인식에 커다란 영향을 미치고 있다.

우리는 아시아 각지에 나가서 피해자와 교류하는 인터뷰를 하고 있다. 이 가운데 일본군에 의한 피해가 발굴되고 있다. '현장'에 나감으로써 일본에서는 볼 수 없었던 것을 볼 수 있었다. 아시아 사람들의 '전후 보상'을 요구하는 움직임은 일본인이 자국의 역사를 검증하고 생각하는 운동으로 만들었다.

2001년 8월 15일의 「아사히신문」의 사설에 다음과 같은 것이 있다.

1945년 8월 15일, 전쟁 종결을 알린 방송은 일본 본토에만 흐른 것은 아니다. 국책방송인 동아방송협의회 등이 단파로 올려 당시의 중국 점령지나 만주·조선·대만·남방 지역에도 방송되었다.

그것은 '대동아공영권 건설'이라는 미명하에 아시아를 침략하고, 사람들을 죽이거나, 강제 연행하고, 협력을 강요한 군국 일본의 일방적인 파탄 통고이기도 하였을 것이다.

이러한 다른 나라 사람들의 희생에 깊이 애도하지 않고 일본은 어떻게 전후의 출발점에 섰다고 할 수 있는 것일까.

예전에 일본의 전쟁 범죄를 재판한 도쿄재판에서 일본인은 '방청석'에 앉아 있었다. 피고석과 증인석에 앉은 극히 적은 사람 그리고 관계자 등을 빼고는 일본인은 '객석'으로부터 재판을 바라보고 있는 '관객'에 불과하였다. 많은 시민은 전쟁 책임이 어찌되었든 간에 자신들의 손으로 전쟁 범죄를 물을 수는 없었다. 일부에서는 자주自主 재판4)도 하였지만,

---

4) **일본의 자주 재판**: 1945년 9월 12일의 종전 처리 회의는, 연합국에 의한 전쟁 재판이 행해진 경우에도, 극히 공평한 재판을 하기 위해, 일본 측에서 자주적 재판을 행한 결과를 연합국에 통첩할 것을 결정하였다. 일사부재리(一事不再理, 한 번 심리하여 처벌한 사건은 두 번 재판하지 않는다는 법 원칙―옮긴이)의 법 원칙을 생각한 것이다. 필리핀의 '바탄(Bataan) 죽음의 행진'의 책임자 혼마(本間雅晴) 중장(中將)예우를 예우정지의 행정 처분을 내린 이외, 8명을 살해 사건으로 군법 회의에서 처벌했다. 그러나 자주 재판은 GHQ가 인정하지 않아 자연 소멸하였다. 시민도 전쟁 범죄인 추궁에 나섰다. 1945년 12월 8일 전쟁 범죄인 추궁 인민대회가

이것도 GHQ로부터 금지당해 유야무야 없어져 버렸다. 패전과 공습으로 인한 폐허 속에서 살아남는 것만으로도 벅찬 일이기도 했다.5)

아시아와의 배상 교섭도 대부분의 사람들에게 관심 밖이었다. 국회에서 논전이나 인도네시아 배상을 둘러싼 스캔들은 보도되었지만, 거기에서 일본 점령의 무엇이 재판되었고, 어떠한 전쟁 피해에 대해서 배상이 지불되었는가, 점령 중 주민 피해는 어떠했는가를 생각하는 문제로 확대되지는 않았다.

전후 세대를 포함한 많은 일본 시민이 일본이 아시아에서 무엇을 했는지 그 실정에 대해서 관심을 갖게 된 것은, 일본 기업이 아시아로 진출하기 시작한 1960년대 후반 베트남 반전운동反戰運動이 진행되던 중이었다. 80년대부터는 직접 아시아 사람들의 증언을 듣고 몇 곳에서 집회가 열려 그 실태를 들을 수 있게 되었다. 피해자의 증언도 신문 보도나 TV 방송을 통해 널리 전달되었다. 영상을 통해서 처음으로 피해자의 소리를 들은 사람도 많았을 것이다. 용기 있는 옛 '위안부' 할머니의 증언이 전쟁을 알지 못하는 세대의 마음을 움직였다.

실태를 알게 된 사람들은 자신들의 직업을 가지고 있으면서 자비를

열려 전쟁 범죄인의 리스트가 GHQ에 제출되었다. 12월 30일에 결성된 '신(新)일본문학회'도 전범(戰犯) 문학자의 리스트를 발표하였다. 그렇지만 전쟁 범죄인을 재판하는 민중의 법정이 열린 적은 없었다.

5) 연합군에 항복하기 이전 일본 본토에는 도쿄를 비롯하여 각 주요 도시의 대규모 공습이 있었으며, 미국이 히로시마(広島), 나가사키(長崎)에 원자폭탄을 떨어뜨림으로써 많은 도시가 폐허가 되었다. 또한 해외에 나갔던 일본인 귀환자 80만 명이 귀환함으로써 일본 전토의 시민들은 의식주 공급에 심각한 애로를 겪었다—옮긴이.

내어 활동하였고, 한 사람의 시민으로서 아시아 사람들의 전후보상을 위해 일본 정부와 맞붙었다. 그 사람들의 고리로 만들어진 운동이 10여 년 이상 지탱되어, 시민들이 스스로의 힘으로 역사를 회복하려는 운동으로까지 진전되었다. 전후보상 재판은 시민들이 전쟁을 다시 보고, 전쟁 책임에 대해 다시 묻고, 전후 체계에 대한 검증의 장이 되었다.

나아가 아시아 네트워크는 미국, 영국, 네덜란드나 오스트레일리아 등의 연합국으로 넓혀졌다. 이것은 일본의 전쟁이 세계를 상대로 싸운 것이기 때문에 당연할 것이다. 중국계·한국계 미국인에 의한 소송이 시작되고 있다. 그렇지만 미국에서의 제소의 중심은 옛 포로다. 강제 노동에 대해서 손해배상과 사죄를 요구하여 일본 기업을 상대로 소송하기 시작한 것이다. 미쓰이물산三井物産·미쓰이광산三井鉱山·미쓰이상사三井商社·미쓰비시 머티리얼三菱 materials·니혼차량제조日本車輛製造·가와사키중공川崎重工·신닛폰제철新日本製鐵·쇼와전공昭和電工 등의 기업이 피고가 되었다. 이들 기업이 전시 중에 포로를 과혹하게 노동시킨 것에 대한 소송이다.

이러한 소송은 1999년 이래 30건 이상이 제소되었는데 그 대다수가 미연방법원에서 각하되었다. 그러나 캘리포니아 주의 상급법원과 같이 원고인 포로와 기업 쌍방 간 화해를 주선하는 경우도 있다.

2002년 3월 미국에서는 「일본제국 정부 정보공개법」이 발효되었다. 1931년의 '만주사변'으로부터 1948년까지의 방대한 일본의 전쟁 범죄 자료가 공개되었다. 이 자료가 새로운 일본의 전쟁 범죄를 밝히게 될 것이다.

1998년에는 「나치 전쟁 범죄 정보공개법」이 성립되었다. 독일은 앞서 말한 바와 같이 나치에 의한 강제 노동 피해자에 대해서 '기억·책임

·미래기금'을 설립하여 이에 대응하였다. 그러나 일본 정부도 기업도 지금까지 이러한 움직임을 보이지 않고 있다. 노나카野中 관방장관이 기대한 20세기 중 문제 해결은 가능하지 않았다. 그 해결을 위해 전후보상법을 제정하였는가, 재단을 설립해서 피해자를 구제하였는가, 일본 정부의 분명한 방침이 요구되고 있다. 종래와 같이 애매한 사죄, '조위금'이라는 애매한 돈을 지불하는 방식으로는 피해자들에게 답답함과 불신만을 남길 뿐이다.

고이즈미 준이치로小泉純一郎 수상은, 2001년 8월 15일의 '전국 전몰자 추도식'에서 "이전의 대전大戰에서 우리 나라는 많은 나라들, 특히 아시아 제국諸國의 사람들에게 심대한 손해와 고통을 주었다"고 말하였다. 일본이 끼친 피해에 일본은 어떻게 대응하고 있는가. 전후보상 문제는 일본이 21세기에 아시아와 세계 속에서 살아가기 위해서 반드시 해결해야 하는 과제다.

아시아의 피해자들에게 그 외침을 듣다

일본은 과거와 어떻게 마주할 것인가

도착하지 않은 「전사통지서」

"돌아가신 날, 돌아가신 장소만이라도 알고 싶다."

2006년 7월, 일본의 도쿄에서 한국·북한의 강제 동원 피해자 유족과 함께 유골 문제를 해결하기 위해 모임을 가졌다. 그 자리에서 제주도 출신의 강종호姜宗豪 씨가 이렇게 호소하였다. 그는 지금도 일본군에 징용된 부친이 언제 어디서 돌아가셨는지 모른다고 한다. 사망신고를 할 수 없었기 때문에 그의 부친은 호적상으로 계속 살아 있는 상태다.

함풍준서(창씨명 '咸豊俊緒', 당시 일본어 발음과 본명을 알 수 없어 한자 그대로 한글로 읽음—옮긴이) 씨의 경우는, 유족이 일본의 후생성厚生省에 정보 공개를 신청하여 처음으로 '사망증명서'를 손에 넣었다. 거기에는 다음과 같이 씌어 있다.

이름은 일제시기 창씨개명한 그대로 기재되어 있다. 발행도장은 찍혀 있지만 발행인이 국장명으로 되어 있지 않았다. 유족에게 동봉하여 보낸 편지에는 '패전(1945년 8월) 이전에 전사하였기 때문에 전사 통지를

• 사망증명서(원본은 일본 후생성 소장)

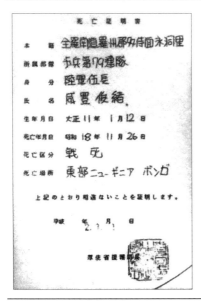

死亡証明書	사망증명서

本籍 全羅南道羅州郡 多侍面 永洞里	본적: 전라남도 나주군 다시면 영동리
所属部隊 歩兵第79連隊	소속부대: 보병 제79연대
身分 陸軍伍長	신분: 육군 오장(陸軍伍長)
氏名 咸豊俊緒	성명: 함풍준서
生年月日 大正 11年 1月 12日	생년월일: 1922년 1월 12일
死亡年月日 昭和 18年 11月 26日	사망년월일: 1943년 11월 26일
死亡区分 戦死	사망구분: 전사
死亡場所 東部ニューギニア ボンガ	사망장소: 동부 뉴기니 봉가

上記のとおり相違ないことを 証明します	위의 내용이 틀림없음을 증명함
平成 2年 3月 1日	1990년 3월 1일
厚生省援護局長	후생성 원호국장

하거나 유골을 전달하는 것은 당시 본적지 관할인 조선총독부의 길주 방위병사부'라고 쓰여 있었다. 하지만 유족 앞으로 전사통지서는 도착하지 않았다.

함풍준서 씨와 같이 보병 제79연대 소속으로, 거의 같은 시기 뉴기니에서 사망한 전라남도 출신자는 210명(명부에 중복된 1명 제외). 같은 연대 보충대 62명도 1945년 1월 9일 대만 해안에서 사망하였지만 전사통지서戰死通知書를 받은 유족은 아마도 없을 것이다.[1]

그런데 함풍 씨보다 늦게 사망하였지만 전사통지서를 받은 유족도 있다. 이금주 씨의 남편 김도민 씨는 해군 군속으로 징용되어, 1943년 11월 25일에 타라와제도諸島에서 사망하였는데 전사통지서를 받았다[2].

일본인 병사의 경우도 격전지나 패전 직전에 사망했을 경우, 유골을 받지 못했을 뿐만 아니라 전사통지서도 전후가 되어서야 도착한 경우도 있었다.

일본의 패전에 의해 중단되었던 사망 통지나 유골 수집 등은 1952년 샌프란시스코강화조약이 발효되어 일본의 주권이 회복된 후에 본격적으로 추진되기 시작하였다. 생사 불명자의 가족에게 사망통지서나 전사통지서가 보내졌던 것이다. 일본인 유족에게 취해진 이러한 조치는 한국·북한의 유족에게는 취해지지 않았다. 한국의 유족이 청구한 후 처음으로

1) 기쿠치 히데아키(菊池英昭) 편, 『구 일본군 재적 사망자 연명부(旧日本軍在籍死亡者連名簿)』.
2) 아오야기 아쓰코(青柳敦子), 「조선인 징병·징용에 대한 일본의 전후 책임에 대해(朝鮮人徵兵·徵用に対する日本の戰後責任について)」, 『인권 타임즈(人権タイムズ)』, 2008. 1; NPO 해외 주재 일본인 인권 타임즈(NPO邦人人権タイムス) 간행.

[그림 7-1] 필리핀, 타이 등에 잠들어 있는 조선인 군인·군속의 묘지와 위령탑

[그림 7-2] 1995년 한국, 조선인 BC급 전범자 관련 판결 보고

후생성(후에 후생노동성) 원호국장의 이름으로 '사망증명서'가 발급되었다. '사망증명서'는 대부분 식민지 시기의 창씨개명으로 되어 있다. 함풍준서 씨와 같이 보병 제79연대의 210명을 보아도 분명하게 조선 이름으로 기재된 것은 6명, 나머지는 모두 창씨개명된 이름으로 기재되어 있다.

또한 '사망증명서'를 보고 처음으로 야스쿠니신사靖国神社에 합사된 것을 알게 된 유족도 있다. 전라남도 출신의 나경임羅敬壬 씨는 '사망증명서'로 부친의 사망을 확인하였는데, 부친은 1959년 4월 6일 야스쿠니신사에 합사되어 있었다.

'카이로선언'(1943년 11월 27일)에서는 '머지않아 조선을 자유 독립의 나라로 결의한다'라고 선언하고 있다. 일본이 수락한 '포츠담선언'은 이 '카이로선언'이 이행된 것이며, 또한 일본의 주권은 홋카이도北海道와 본토 등 현재의 영토에 국한된다는 것도 나타나 있다. 그리고 전쟁 상태를 종결시키는 대일평화조약으로 일본은 조선의 독립을 승인하고, 조선에 대한 모든 권리, 권원權原 및 청구권을 포기한 것이었다. 하지만 일본의 강력한 반대도 있었고 대한민국은 이 조약에 서명하지 않았다. 일본은 주권은 포기했지만 한국·북한과의 국교는 회복되지 않았다. 한일 간 국교 회복을 위한 회담이 시작되었다. 1965년 한일조약 체결까지 20년간 '전후 처리'는 일본에 있는 일본인에 한정되어 처리되었고, 이 가운데 한국인의 '전후 처리'는 공중에 뜬 상태가 되어 버렸다.

한국에서 '전후 처리'는 1965년 간신히 조인된 한일조약으로부터 시작되었다(12월 18일 발효). 해방된 지 20년, 한국의 피해자와 유족은 일본 정부로부터 원호는 물론 사망 고지조차 받지 못한 상태였다. 조약에서 불충분하기는 하지만 한일병합조약은 '이미 무효'라는 점이 확인'되었으며, 식민지 통치에 대한 '전후 처리'가 행해졌다. 그중에는 일본군에 징용·징병된 한국인 병사의 명부나 사망자 명부를 한국 측에 인도하는 것도 포함되었다. 앞의 「구 일본군 재적 사망자 연명부」는 한국 정부가 일본 정부로부터 건네받은 명부로부터 작성된 것이다(기쿠치 히데아키[菊池英昭] 작성).

후생성 원호국은 일본법이 미치지 않는다고 하여 한국의 유족에게는 「사망고지서」를 발송하지 않았고, 야스쿠니신사에 합사하기 위해 제출한 사망자 명부도 조선 출신자를 삭제하지 않고 그대로 제출하였다. 일본 정부의 이러한 처리는 너무나 무신경하고 엉성한 대응책으로, 질책을 면할 수 없다.

조선 식민지 지배에 대한 반성이 빠져 버린 이 같은 일본 정부의 대응은 옛 육군성·해군성을 계승한 후생성뿐만이 아니다. 일본은 '전후 처리'를 할 때 식민지 지배를 반성하는 시점이 결여되어 있다. 한국의 유족에게 사망 통지를 하지 않은 것, 유족에게 연락도 없이 야스쿠니에 합사한 것 등은 그 상징일 것이다.

한일조약 이후 40년 가까이 경과되어, 한국 정부가 일제의 강제 동원을 청산하기 시작하였다. 2003년 3월, 노무현 정권은 한국 국회에서 「일제강점하 강제 동원 피해 진상규명 등에 관한 특별법」을 공포하였다. 2004년 2월 '일제강점하 강제 동원 피해 진상규명위원회'가 발족되어 피해 조사가 시작되었다. 피해 신청 접수가 시작된 지 1년 반이 지난 2006년 7월까지 21만 9624명의 피해자가 신청하였다.

한국의 피해자들은 간신히 소리를 내어 사망 확인이나 강제 동원 피해를 인정할 것을 정부에 요구하였다. 강종호姜宗豪 씨의 소송도 당연히 강제 동원 피해로서 인정될 것이다.

그런데 강제 동원 피해 인정을 청구한 사람 중에 연합국의 전범戰犯 재판으로 유죄 판결을 받은 한국인 전범자들이 있다. 전범……. 전쟁에 협력해 전쟁 범죄자가 된 한국인이 왜 '피해자'인 것일까. 전범이 왜 피해자인가, 위안부나 노무 동원뿐만 아니라 '강제 동원' 피해의 실상은 실로 복잡하고 다양하다. 위원회는 피해자의 증언을 토대로 자료를 계속 조사하여 전범자들의 '피해'를 인정하고 있다.

2008년 현재, 한국에서는 피해자가 피해자로 인정되었고 지원법에 의한 보상도 받을 수 있게 되었다. 그 피해자의 소리, 해방된 지 반세기 이상이 경과한 시점에서 왜 한국의 피해자들이 진상 규명과 보상을 요구하고 있는 것일까. 이것은 일본의 '전후 처리' 문제와 관련하여 생각할 수 있을 것이다.[3]

도착한 두 장의 「사망고지서」

일본군에 동원된 한국인의 '전후 처리'는 오랫동안 공중에 뜬 상태 그대로였다. 일본인의 경우, 일본 정부는 어떻게 '전후 처리'를 해 왔던 것일까.

1945년 8월 9일, 소년 Y는 17세에 만몽개척滿蒙開拓 청소년 의용군으로 지원하였다. 1954년 8월, 현縣 지사는 가족에게 「사망고지서」를 발송

---

3) 우쓰미 아이코·우에스 마사토시·후쿠토메 노리아키, 『유골의 전후(遺骨の戰後)』, 이와나미북레트, 2007년.

하였다.

昭和二十年八月十二日不明時 滿州牡丹江省東寧県郭亮船口陣地にお
いて死亡せられましたのでご通知致します.

(1945년 8월 12일[시간 불명] 만주 무딴지앙성 똥닝현 꾸어리앙츠우안구
진지에서 사망하였으므로 통지합니다)

「사망고지서」 용지는 인쇄된 것이고, 거기에 본적 · 이름 · 사망일시,
장소를 담당자가 직접 썼다. 첨부된 지사 명의의 이 편지는 이름만 자필로
된 인쇄물이다. 사무적으로 발송된 많은 사망통지서 중의 하나일 것이
다. 패전 후 9년이 되어서야 이런 식으로 유족들에게 통지되었다. 9년간
소년병의 생사를 전하는 정보는 전혀 없었다.

그런데 1956년 3월, 같은 지사 명의로 또 한 장의 「사망고지서」(공보)
가 도착되었다. 이번에는 '사망'이 '전사'로 변하였다. 이른바 '전사공보戰
死公報'다. 첨부된 부전지에는 "해외 주재 일본인으로서 사망 공보가 발행
되었습니다만, 이번에 사망시의 신분이 군인으로 개정되었으므로 다시
재발행된 것입니다. 덧붙여 28일에 '혼령'을 전달하므로 잘 부탁드립니
다"라고 되어 있었다.

군대에 들어간 지 3일 만에 사망한 소년은 패전 후 11년 만에 군인으로
서 '전사'된 것으로 인정되었다. 군력軍歷의 증명서에는 1945년 8월 9일에
입대하여 이등병, 12일에 전사, 일등병으로 특진하였다고 되어 있다.
1957년 10월 '혼령'이 전달되었으며 야스쿠니신사에 합사되었다. 계급

은 상등병으로 되어 있었다.[4]

두 번에 걸쳐 전달된 「사망고지서」는 일본 정부가 샌프란시스코강화
조약으로 주권을 회복한 후, 미복원·행방불명된 일본인 병사들에 대한
'전후 처리', 호적 정리에 착수한 증표다.

패전 시에 일본 본토가 아니라 이른바 '외지'에 있던 일본인 수(조선인
·대만인을 포함)는 721만 1,000명(육군 331만 6,000명, 해군 48만 1,000명, 귀국한 거류민 341만
4,000명)이다. 이들은 '포츠담선언'으로 "일본의 군대가 완전하게 무장 해
제된 후, 각자 가정으로 복귀해 평화적이고 생산적인 생활을 영위할 기회
를 얻을 만해"(제9조)라 하여 복원이 보장되었다.

8월 16일 오후 4시, 일본 '천황'은 전 군대에 즉시 정전을 명하였고,
25일에는 「육해군인에게 내리는 복원에 관한 칙유」에서 "일사불란한
통제하에 바르고 신속한 복원을 실시하여 황군이 유종의 미를 거두기를
바란다"(1945년 8월 25일)며 복원하도록 명령하고 있다. 이미 8월 18일에는
「제국 육군 복원 요령」(군령육갑[軍令陸甲] 제 116호)이 나왔다.

'대동아공영권' 전역에서 전개되고 있던 일본군의 복원 업무를 담당
한 것은 육해군성을 계승한 제1·제2 복원성第一·第二復員省이다. 육군의
제1·제2 총사령부는 10월 15일에 제1·제2 복원사령부로 변화되었고,
10월 18일에는 후생성이 인양의 중앙책임청이 되었다. 11월 30일 육·
해군성이 폐지됨에 따라 12월 1일에는 제1·제2 복원청으로 되었고 철수
업무는 이곳에서 맡았다. 육군 관계 '복원 업무 규정'이 제정되었고 세부

4) 야마기시 지히로(山岸千尋), 「남겨진 두 장의 사망고지서」, 『혜천아
카데미』 제11호, 2006년 12월.

규정이 정해졌다(1946년 4월 15일). 1946년 6월 14일에는 복원청으로 바뀌었고, 제1·제2 복원성의 업무는 제1·제2 복원청으로 승계되었다. 1947년 10월 15일에는 복원청이 폐지되어 후생성 제1 복원국이 되었다. 이것이 인양원호청으로 된 것은 1948년 5월 29일이다. 이렇게 기구는 변화하였지만 군인의 복원과 민간인의 인양 업무는 계속 추진되었다. 1976년 12월 말 당시, 귀환자 총수는 629만 702명을 헤아리고 있다.[5]

해외에서 인양을 기다리던 군인은 본적지별로 나뉘어 수용되었고, 각각의 본적지로 돌려보내졌다. 즉 조선에 본적이 있는 조선인은 연합국이 직접 한반도로 돌려보냈다. 그 가운데에는 사세보佐世保에서 인양 처리를 한 것도 있지만, 그것도 없는 그대로 한반도로 인양된 사람도 있다. 집결지에서는 패전 국민인 일본병보다, '카이로선언'으로 머지않아 독립이 약속되고 있던 조선인의 대우가 훨씬 좋았다고 한다(구문호[具文浩] 씨).

일본 정부는 1946년부터 미귀환 군인 등에 관해 조사하기 시작하였다. 1949년에는 구 육해군 군인·군속을 조사하기 위해, 미복원자 부재 중 담당자 또는 유골 미수령 유족에게 신청서를 내도록 지시하였다.[6]

일본 정부는 군인·군속의 복원 상황을 파악하고자 하였다. 유골 미수령 신고서도 제출하게 하였다. 1949년 3월 25일의 통지(민사갑[民事甲] 654 통지·민사갑 1309 통지)를 근거로, 소년 Y처럼 전쟁터에서 퇴각하는 북새통에 언제 어디서 사망한 지도 모르는 해외 미인양자에 대해 동료나 아는 사람들이 작성한 '사망인정서'로 사망신고를 할 수 있도록 하였다.

---

5) 후생성, 『인양과 원호 30년의 흐름』, 1978년.
6) 1949년 1월 12일, 「미복원자 등의 신청서에 관한 정령」 공포(公布).

소년 Y가 있던 소련·중국 동북부로부터의 인양은 1949년 6월이 되어서야 겨우 시작되었다. 중국 지역 인양도 1949년 9월부터다. 이때까지 소년 Y뿐만이 아니라 소련·중국 지역의 일본군·해외 주재 일본인의 생사는 전혀 확인할 수 없었다.

1954년이 되어 소년 Y의 가족에게 처음으로 '사망' 소식이 전달되었다. 살아 돌아온 다른 사람이 사망진단서 또는 사체검안서를 대신하는 사망확인서를 작성한 것일까. 하지만 전후 생사조차도 전혀 알 수 없었던 것을 생각하면 친구들에 의한 사망확인서조차도 귀중한 것이었다.

또 하나의 가능성은 인정 사망이다. 이것은 일본의 호적법 89조에 따라 관공서에 사망 보고 의무를 부과하여 처리된 것이었다. 사변事變이라고 하는 특수 사정 아래에서는 비록 시체가 발견되지 않아도 사망한 사실이 인정되는 자에 대해서는 관공서가 조사하여 사망 여부를 보고할 수 있도록 하였다. 이에 따라 사망 보고가 된 것이다(1958년 2월 1일).

더욱이 통상의 사망신고라 하여 사망한 사실을 밝힐 수 있는 서면이나 사망한 사실을 아는 사람이 서신을 제출하여 사망신고를 할 수 있도록 하였다.

소년 Y의 경우도 사망신고서가 도착한 것은 이 세 가지 사망신고 중 하나라고 생각할 수 있다. 일본인의 행방불명자는 전후에 이러한 형태로 '사망신고'를 하고 호적을 정리해 왔다.

그런데 이 사망신고가 재차 군인으로서의 전사(公報) 고지로 바뀌어 유족에게 전달된 이유는 무엇일까.

1952년 4월 30일 샌프란시스코강화조약이 발효된 2일 후에 「전상병자 전몰자 유족 등 원호법戰傷病者戰没者遺族等援護法」이 제정되었고, 4월 1일자로 소급 적용되었다. 그러나 부칙 조항에 이 법률의 대상을 호적법 적용자에 한정하고 있었다. 즉, '한국·조선 호적'에 있고, 일본의 호적법을 적용받지 않는 사람, 즉 조선인은 한국·조선 본국은 물론 일본에 거주하고 있어도 배제되었다. 이 원호법은 일본의 호적법을 적용받는 사람, 즉 일본인만을 대상으로 한 법률이었다. 호적으로 조선인을 배제했던 것이다.[7]

패전 후 너무나 힘든 삶을 살아온 유족에게 패전 후 6년 반이 지나 겨우 국가에서 원조하게 되었다. 이 법률은 계속 개정되어 지급 대상이 확대되어 왔다. 1955년에는 소년 Y와 같이 관동군 지휘하에서 직접 전투에 참가한 대원은 조위금 지급 대상이 되었다. 소년 Y를 군인으로 전사한 것으로 고쳐 조위금 지급 대상으로 만든 것이다. 입대 3일 만에 전사해 상등병으로 특진한 Y소년 어머니는 소년의 작은 사진과 야스쿠니신사의 사진, 훈8등 백색동엽장勳八等 白色桐葉章과 상장, 이름이 쓰여 있는 종이가 들어 있는 작은 유골상자를 받았다. 10년간 40만 엔의 조위금이 지급되었고 1957년 10월에는 야스쿠니신사에 합사되었던 것이다.

일본 정부는 패전 후, 이러한 형태로 생사 불명자 소식을 유족에게 통지하고 호적을 정리하였다. 해외로부터의 일본인 인양이 일단 종료된 단계에서, 행방불명으로 되어 있는 미귀환자(전범자 제외)에 대해 1959년 3월 3일 「미귀환자에 관한 특별 조치법」(법률 제7호)이 제정되었다. 후생장관, 그 권한을 위탁받은 도도부현都道府県 지사들이 미귀환자를 실종 선고

7) 우쓰미 아이코, 『조선인 '황군' 병사들의 전쟁(朝鮮人'皇軍'兵士たちの戰争)』, 이와나미북레트, 1991년.

할 수 있게 되었다. 이것이 사실상의 전시 사망 선고가 되었다. 이른바 「도도부현 지사 신고 제적都道府県知事届出除籍」이다.

이 경우 호적에 기재된 것은 일반 해외 주재 일본인의 경우 '이번 전쟁에 의한 생사 불명자'라고 처리되었는데, 전쟁에 동원된 자에 대해서는 '전시 사망 선고'라고 명시되었다. 유족에 대한 배려에서 그랬을까. 일반 인과는 다른, '명예로운 전사戰死'를 표시하려는 발상에 의해 이 같이 기재되었다.

都道府県知事からの届け出でによって戸籍の記載も
未帰還者に関する特別措置法に基き　○年○月○日　戦時死亡宣告確定
○年○月○日　死亡とみなされる
年　月　日　都道府県知事届出除籍印

도도부현(都道府県) 지사 명의로 신고함으로써 호적에는 다음과 같이 기재되었다. "미귀환자에 관한 특별 조치법에 따라 ○년 ○월 ○일 전시 사망 선고 확정 ○년 ○월 ○일 사망으로 간주된다".
년 월 일 도도부현 지사 신고 제적 인

실제로 유족들은 유골이 없는 빈 상자를 받았고, 정부는 생사 불명자를 이러한 형태로 통지하고 호적을 정리하였다. 그렇지만 일제하에 '조선 호적' 등 '외지外地 호적'에 기재되어 있던 일본인, 즉 조선인과 대만인 등의 미귀환자 호적은 처리되지 않았다. 일본은 '포츠담선언'(1945년 8월 14일 수락 통고)을 수락하여 '카이로선언'의 조항에 따라 조선에 대한 주권을 포기하였다.

이것은 장래 당사국 간 체결되어야 할 평화조약에 일본이 외지 등에 대한 주권을 포기할 뜻을 규정에 넣는 것을 승인하는 것이었다. 따라서 이 단계에서는 외지의 존재를 전제로 제정된 외지 관계 법령이 직접 영향을 받은 것은 아니다.

연합국 점령기, 조선인은 아직도 일본 국적을 가지고 있다고 해석되고 있었다. 그러나 샌프란시스코강화조약에 의해서 일본은 완전하게 조선에 대한 주권을 포기, 이후 '전후 처리' 체계 내에서 제도적으로 조선인 · 대만인이 배제되어 갔던 것이다.[8]

지사知事가 자치체의 행방불명자에게 「사망고지서」를 보냈다. 호적에 '사망'을 기재하고 제적除籍 수속을 밟았다. 일본의 국내법은 한국에는 적용되지 않았기 때문에 앞에서 말한 일본인 소년 Y의 유족에게 도착된 「사망고지서」는 '외지적外地籍'의 일본인, 즉 조선인에게는 도착하지 않았다.[9]

'전후 처리'에서 소외된 아시아의 피해자

일본 정부의 이러한 미귀환자 처리 결과, 강종호姜宗豪 씨에게는 전후 「사망고지서」가 도착하지 않았다. 일본이 식민지 조선에 대한 주권을

---

8) 무카이 히데히로(向英洋), 『상세한 풀이 옛 외지법』, 日本加除出版, 2007년.

9) 1965년 한일조약 체결 때까지 한국인의 호적은 정리되지 않았다. 심지어 2006년 노무현 - 고이즈미 회담 시 유골봉환 과정에서 확인된 것은 아직도 사망자 확인 · 호적이 완벽하게 정리되지 않은 상태다(우쓰미 아이코 인터뷰, 2010년 1월—옮긴이).

포기한 후, 한일조약이 체결되기 전까지 공중에 뜬 상태로 있던 식민지 지배에 대한 처리는 조약 체결에 따라 한국 정부가 처리하기 시작하였다. 한국 측에 인도된 서류에서는, 본래 한국 측이 유족들에게 통지하고 사망 고지서를 발송해야 했다. 하지만 한국에서도 조치가 늦어져 사망 확인이 되지 않은 경우도 있다. 더구나 일본과 북한(조선민주주의인민공화국) 사이에는 전시 동원 문제 자체가 처리되지 않은 상태인 것이다.

왜 '전후 처리' 과정에서 식민지 지배의 정산 문제가 빠져 버린 것일까. 일본은 과거를 어떻게 청산해야 하는지, '포츠담선언'이 그 골격을 결정하였다. 그것이 바로 전쟁 재판과 배상 지불이다. 그리고 대일평화조약이 주권 회복 후의 일본의 과거 청산을 규정하고 있었다.

'포츠담선언'(1945년 8월 14일 수락 통고) 제10항에는 "우리들의 포로를 학대한 자를 포함하여 모든 일본의 전쟁 범죄는 엄중하게 재판한다"라고 서술되어 있다. 연합국이 전쟁 범죄를 추궁하는 것이 포츠담선언 수락의 조건이었다. 가장 중점적으로 생각하고 있던 것은 연합국의 포로 학대다. 미국이나 영국 등은 일본군이 패전하기 전부터 포로 학대에 관해 조사하고 있었다. 이른바 '대동아공영권' 전역에 개설된 수용소 기록을 수집하고, 어떤 수용소에 어떤 나라의 포로가 몇 명 수용되어 있는지, 어디의 어느 기업이 포로를 사용하고 있는지 등 일람표를 작성하였다. 그 정보는 연합국 사이에서 교환, 갱신되어 축적되었다. 항공사진까지 찍었다.

전쟁 종결 후, 연합군은 일본에게 자료를 제출하도록 요구하였고 더욱 철저한 조사가 이루어졌다. 패전 시 일본 국내에 있던 연합국 포로는 3만 871명이었다. 1945년 8월 후반에 연합군은 일본 각지의 포로수용소에 식량, 의약품, 일용품 등의 물자를 항공기에서 투하하였다. 또한 일본 점령지의 포로수용소에도 똑같이 다양한 물자를 투하하였다.

1945년 9월 2일, 요코하마橫浜에 정박하고 있던 미주리 함대 위에서 '항복문서'가 조인되었다. 「일반 명령 제1호」(육해군)에서도 포로에 대한 정보를 모두 제공할 것을 명하고 있다. 일본 내에 생존하고 있던 포로는 9월 22일까지 인양을 완료했지만, 인도할 때는 이익 대표국이나 적십자의 각 상임위원이 입회하였고, 명부와 조회하여 한사람이라도 형무소나 병원 등에 방치되지 않도록 지시하였다. 연합국이 이러한 조치를 취할 만큼 포로에 대한 대우는 열악하였고, 생존 자체가 위험에 빠져 있었다. 패전과 동시에 포로 전원을 살해한다는 방침이라는 이야기는 지금도 포로 사이에서 믿어지고 있다.

그해 9월 도조 히데키東條英機 등 제1차 전범 용의자가 체포되었는데, 이때 도쿄포로수용소장 등 포로수용소 관계자가 즉시 체포되었다. 이후 연합국은 재빨리 포로 관계자를 속속 체포하였다.

1945년 12월 26일의 '모스크바에서 미·영·소 3국 의상 회담 협정'은, 연합국군 최고 사령관을 의장으로 하는 대일對日이사회(미·영·소·중·오스트레일리아·뉴질랜드·인도 7개국)를 도쿄에 두어, 최고 사령관에게 항복 조항의 이행, 일본 점령·관리에 관한 일체의 명령을 발표할 권리를 주는 것에 합의하였다. 1946년 1월 19일, 연합국군 최고 사령관 더글라스 맥아더 원수는, 도쿄재판An International Military Tribunal For the Far East(이른바 '극동국제군사재판')을 설치할 것을 명하였다. 이미 독일 나치의 전쟁 범죄를 재판한 뉘른베르크재판이 개정되고 있었다(1945년 11월 20일). 도쿄재판은 미국이 주도적인 역할을

맡고 있었다.

1946년 5월 3일 극동국제군사재판이 개정되었다. 도쿄 이치가야다이市ヶ谷台 옛 육군사관학교旧陸軍士官学校 2층 대강당에는 할리우드처럼 화려한 라이트가 켜져 있었다. 그 안에 11개국의 국기를 배경으로 9명의 재판관이 착석(인도와 필리핀은 미도착), 그 맞은편에 피고 28명이 앉았다. 그중에 2명의 옛 조선 총독과 1명의 옛 조선군사령관이 앉아 있었다.

도조 히데키의 옆에는 조선총독 미나미 지로南次郎(1936.8~1942.5), 뒷줄의 오른쪽에서 두 번째에는 1942년 5월에 미나미의 뒤를 이어 총독이 된 고이소 구니아키小磯国昭(1942.5~1944.7), 뒷줄 좌측에는 조선군사령관 이타가키 세이시로板垣征四郎(1941.7~1945.8)가 착석하고 있었다. 조선 통치의 최고 권력자 3명에게 공통되는 공소 이유는 침략 전쟁의 공동 모의, 침략 전쟁의 계획 준비, 침략 전쟁의 수행, 통상적인 전쟁 범죄 및 인도人道에 대한 죄다.

기무라 헤이타로木村兵太郎의 변호인에는 시오바라 도키사부로塩原時三郎 조선총독부 학무국장이 앉아 있었다. "조선 징병제 탄생의 아버지"(「아사히신문」, 1942년 6월 4일자)라고 불리던 시오바라는, 기요세 이치로淸瀬一郎와 함께 도조 히데키의 변호인으로 보도되고 있었는데(「아사히신문」, 1946년 3월 9일자), 최종적으로 기무라 헤이타로의 변호인으로 되었다. 시오바라는 미나미 지로 총독이 원하여 1936년 8월 비서관으로 취임하였고, 다음해 1937년 8월에 학무국장으로 승진하였다. '황국신민의 서사皇国臣民の誓詞'를 제정(1937년 10월)한 책임자이기도 하다.

법정은 오전 11시 20분에 개정되었다. 오스트레일리아의 윌리엄 웹

[그림 7-3] 태면철도

William Flood Webb 재판장은 개정에 임하여, 피고는 과거의 지위 여하를 불문하고 '가장 계급이 낮은 일본인 병졸, 또는 조선인 보초병보다 좋은 대우를 할 이유는 없다'고 말하였다. 피고를 특별 취급하지 않는다는 취지다. 기요세 이치로淸瀨一郎 변호단장은 이 조치는 피고를 모욕하는 것이라고 항의하여, 재판장에게 뉴기니전에서의 일본군 잔학 행위 조사를 기피하는 신청을 하였다.

총수가 불과 3,016명이었던 조선인 포로감시원Korean Guards의 존재가 웹 재판장에게는 788만 9,109명의 일본병(1945년 8월 당시 동원 총수는 육군 547만 2,409명)과 같은 비중으로 인식되고 있었다.

일본이 점령한 타이·싱가포르·자바에 개설된 포로수용소에는 일본인과 조선인 감시원이 근무하고 있었다(보르네오와 필리핀 수용소의 감시는 대만인 감시원). 수용소의 주력은 조선인이다. 포로수용소는 조선인 군속이 편성 요원의 70~80%를 점하는 특이한 부대다. 거기서 많은 사망자를 냈다. 그중에서도 조선인 감시원은 '죽음의 철로'라고 불리던 태면철도泰緬鉄道, Thai-Burma Railway에서 노동 포로를 감시하고 있었다. 건설에 동원된 약 6만 명의 포로 중 1만 3,000명이 사망한 철도다. 오스트레일리아에서도 영국 에서도 태면철도는 잔혹한 일본군의 상징이었다. 그 관리의 최전선에 조선인 감시원이 배치되었고, 포로의 증오는 그들로 향해졌다. 웹 재판 장이 '조선인 감시원'에게 언급한 것은 이 태면철도를 염두에 두었던 것이 라고 생각된다. 거기서 근무한 이학래李鶴来는 전후戦後 오스트레일리아 재판에서 사형을 언도받았다.

전쟁 중 포로를 경시하거나 무시한 사실, 그들을 학대한 사실을 이유 로 일본의 전쟁지도자들은 재판장에 서게 되었다. 1948년 11월 12일의 극동국제군사재판의 판결에서, 독일·이탈리아의 포로 중 미·영 연방군 병사 사망률이 약 4%였던 것에 비하여, 태평양 전장에서의 사망률은 27% 로 포로 13만 2,134명 중 3만 5,756명이 사망하였다고 지적되고 있다. 오스트레일리아의 경우, 사망률이 30%를 넘었다(일본의 기록에서는 패전 시 11만 1,902명[1944년 말·13만 4,251명], 사망자는 3만 3,911명).[10]

더욱이 일본의 조선 지배는 재판 심리의 대상 밖이었다. 개인 변론 단계에서 미나미 총독의 증인으로 오노 로쿠이치로大野緑一郎 정무총감이 출정하였다. 미나미는 조선의 전쟁 동원체제를 확립하기 위해서 '내선일

10) 포로정보국, 『포로 취급의 기록』, 방위청 방위연구소 소장, 1953년.

체'를 강행, 지원병 제도를 도입하고, 창씨개명을 실시한 책임자다. 고이소의 증인은, 다나카 다케오田中武雄 정무총감이다. 2명의 증인은 조선에 보내진 연합국 포로의 수용과 취업에 대해 총독이 어디까지 권한을 가지고 있었는지를 증언하였다. 즉 포로 학대의 책임이 조선군사령관에 있었는지 조선 총독에게 있었는지 그 직무 권한을 둘러싼 증언이다. 이타가키의 증인이었던 이하라 준지로井原潤次郎 군참모장은 조선에 연행된 포로가 조선인의 황민화 정책을 위한 선전에 이용되었다고 하는 검찰의 추궁을 부인하고, 이타가키가 포로의 처우에 마음을 쓰고 있었다고 증언하였다.

피고석에 앉은 미나미, 고이소, 이타가키, 변호인석에 앉은 시오바라, 증언대에 선 오노, 다나카, 이하라였지만, 전쟁 재판은 일본의 식민지 지배에 대한 과거 청산 장소가 되지 않았다. 전쟁 재판에 의해서 일본은 과거와 직면하게 되었지만, 식민지 지배는 '천황'의 책임이나, 731부대 독가스전, 연합국의 전쟁 범죄와 함께 심의 대상 밖이었다. 일본군과 정부에 의한 일본 국민에 대한 전쟁 범죄도 재판되지 않았다.

또 하나의 전쟁 재판

도쿄재판과 동시에 진행되고 있던 또 하나의 전쟁 재판이, 특정 지역에서 '통상적인 전쟁 범죄'를 일으켜 각국의 군사재판에 회부된 사람을 재판한 전범 재판 이른바 BC급 전범 재판이다. 이 재판은 각국이 자국의 법령에 따라 일본의 전쟁 범죄를 재판하였다. 재판은 포로 학대, 자국의 식민지 주민에게 행한 범죄, 강제 매춘, 억류된 민간인에 대한 학대 등

'통상적인 전쟁 범죄'라는 죄목으로 재판하였다. 이미 앞에서 말한 것처럼 포로 학대에 대한 기소가 큰 비중을 차지하고 있다.

연합국민에 대한 강제 매춘은 일부(네덜란드 바타비아[Batavia] 법정) 전쟁 범죄로서 재판되었지만 식민지 출신의 여성에게 행한 범죄는 대상이 되지 않았다.

일본군이 포획한 포로는 30만 내지 35만이라고 알려져 있다. 1942년 5월, 일본군은 '백인 포로'를 노무에 동원할 방침을 정했다. 포로의 일부는 일본에도 이송되었다. 일본 국내에서는 미쓰이 미이케三井三池 탄광과 같이 포로들과 조선인 중국인이 같은 탄광에서 일하는 곳도 있었다.

미국의 제8군이 요코하마橫浜에서 군사법정을 열었는데, 거기서 기소된 331건(그 가운데 4건은 기소 철회) 중 242건(74%)이 포로수용소 관계자다(요코하마 재판). 그중에는 하나오카 사건花岡事件 등 '중국인 노무자'에 대한 학대 사건 2건도 포함되어 있다. 하지만 규모도 크고 기간도 긴 조선인 강제 동원 관계자는 기소되지 않았다. 전쟁 재판이라는 관점에서 보면, 연합국 포로의 강제 동원·학대와 중국인에 대한 그 일부는 전쟁 범죄라고 인정되었지만, 조선인의 강제 동원 등은 전쟁 범죄라고 판단되지 않았다.

웹 재판장이 언급한 조선인 감시원Korean Guard이 재판된 것은 싱가포르에서 열린 오스트레일리아나 영국 법정이다. 이외 네덜란드가 자카르타에서 재판하였다.

이학래 씨가 근무하고 있던 태면철도의 건설 현장은 우기雨期가 되면 식량 보급이 끊어진 적도 있었다. 1943년 5~6월 최악의 시기에는 해골이 구두를 신고 있다고 할 정도로 열악한 상태였다. 오스트레일리아의 옛 포로 톰 모리스는 약간의 약품과 식료품이 있었다면 포로가 그렇게 많이 죽지 않았을 것이라고 하였다. 격리 병동에 방치되어 있던 동료를 간병하고 있던 톰은, 이질이나 콜레라로 괴로워하는 포로, 열대성 궤양으로 썩어 가는 살을 마취도 없이 도려내는 고통에 울부짖는 포로를 보았다. 인간으로서 최저한의 취급마저 받지 못하고 죽어간 동료를 생각하면, 아무래도 일본을 용서할 수 없다고 한다. "어떠한 기록에서도 어떠한 증언에서도 전해지지 않은 것은 정글 속에 자욱하던 냄새, 시체를 태우는 냄새, 썩은 살점의 냄새, 슬그머니 흘려 보내지던 분노의 냄새"라고 말하였다.

연합국은 일본이 포로 취급에 관한 '제네바조약'을 위반한 것이라고 계속 항의하였다. 하지만 정부나 군軍도 이것을 무시하거나 경시하였다. 필리핀의 포로수용소를 해방시키고 비참한 상황을 눈앞에서 직접 본 맥아더는 학대 책임자를 엄히 재판하라고 성명을 내었다. 영국도 일본군의 잔학 행위Atrocity에 항의하였다. 포로 학대에 대한 분노, 철저한 조사가 전쟁 재판에서 응축되어 갔다.[11]

전범 재판은 일본 국내와 이른바 '대동아공영권' 각지에서 차례차례로 사형이 집행되었다. 하지만 폭격과 패전으로 먹고 사는 것만으로도 벅찼던 일본 국민들은 도쿄재판 법정에 화제 인물이 출정하면 관심을 나타냈지만 그 심리가 어떻게 되어 갔는지 계속해서 관심을 둔 사람은 적었다. 해외에서 열린 재판은 정보가 거의 없기도 하여, BC급 전범 재판에 일본 국민들이 관심을 보이기 시작한 것은 샌프란시스코강화조약이

11) 우쓰미 아이코, 『일본군의 포로 정책(日本軍の捕虜政策)』, 青木書店, 2005년.

체결된 무렵부터였다.

배제된 피해자

또 하나의 '전후 처리'가 배상금의 지불이다. 전쟁에서 패배한 나라가 피해자에게 배상을 지불한다. 이것은 패전국이 국제사회에 복귀하기 위한 처리과정이다. 청일전쟁에서 일본은 청나라로부터 거액의 배상금을 받았고, 1차 세계대전에서 중국의 산둥山東반도에 있던 독일의 이권을 획득하였으며, 적도 이북의 독일령을 위임통치령으로 하였다. 당연히 패전국 일본에도 막대한 배상금 징수가 예상되었다.

점령 당초에는 장래 일본의 전쟁 능력을 철저하게 제거하기 위해서 막대한 배상금이 징수될 것이 예상되었다. 그것은 외무성에 따르면 '제재, 복수, 징벌의 색채가 농후하고, 전쟁 중의 반일 감정을 반영한 심각한 것'이었다. 1945년 11월 13일, 에드윈 폴리Edwin W. Pauley 배상조사단이 일본을 방문하였다. 폴리 대사는 병기 관련 공업 시설은 즉각 철거 또는 파괴할 것, 수출용의 철강 생산은 인정하지 않는 것, 식료·의료 분야의 생활수준은 일본인에 유린되어 약탈된 근린 연합 국민의 그것보다 높지 않은 수치로 유지할 것을 요구하고 있었다.

배상액 결정에 앞서, 점령 최고 정책 결정 기관인 극동위원회Far Eastern Commission(FEC)는 배상 전도금으로 일본 산업 능력의 30% 징수를 예정하였다. 4만 3,919대의 공장 기계 등 1억 6,515만 8,839엔(1939년의 평가)이 중화민국 54.1%, 네덜란드(네덜란드령 인도, 현재의 인도네시아 발송분) 11.5%, 필리핀

19.0%, 영국(말레이시아 발송분) 15.4% 비율로 인도되었다. 네덜란드는 네덜란드령 동인도의 경제 재건에 필요한 자재 징수, 영국은 말레이시아에 필요한 중간 배상을 적출하고 있다. 식민지 재편에 일본의 배상금이 충당되었던 것이다.

하지만 미국은 일본을 '전체주의에 대한 방파제'로 만들기 위해서, 그 정책의 중점을 일본의 비무장화로부터 경제 자립으로 옮기기 시작하였다. 그리하여 미국은 독자적인 배상 계획을 작성하기 위해서 3번에 걸쳐 조사단을 파견하였으며, 일본의 경제 부흥을 중시한 배상금의 재검토를 제시하였다. 배상 징수액에 대한 안은 당초의 4분의 1 가까이 감소하고 있었다. 중간 배상도 1949년 5월 12일 필리핀에게 배상하는 것을 마지막으로 중지되었다.

1950년 6월에 한국전쟁이 발발하자 일본의 전략적 위치는 크게 바뀌었다. 미국은 군사력의 공백 지역이 되어 버린 일본의 재군비와 경제 부흥의 필요성에 쫓겨 배상할 경황이 없어지게 되었다. 1950년 11월 24일 미국 국무성은 '대일강화 7원칙'을 발표하였는데, 여기에는 모든 교전국이 배상청구권을 포기하도록 강조하고 있었다. 이로써 배상은 크게 변질되었다. 미국은 아시아에는 금전 배상을 인정하지 않는 방침을 밀고 나갔다. 하지만 연합국의 포로와 민간인은 이것에 격노했다. 그 결과 포로에 대한 보상 방법을 규정한 제16조가 삽입되었다. 샌프란시스코강화회의에서 오스트레일리아 대표 퍼시 스펜더Percy Spender는 오스트레일리아 정부, 국민 모두, 조약에 대한 특별한 관심사는 포로에 대한 손해배상이라고 말하고 있다.

오스트레일리아는 포로가 수년간 억류되어 있던 중에 받은 손해에 대해 배상을 받을 권리가 있다고 계속 주장해 왔다. 제16조에서 권리가 인정된다 하더라도 그 기금의 액수가 불충분하다고 지적하였다. 전 포로에 대한 개인 배상 조항(제16조)이 삽입된 후, 14개국 전 포로 한 명당, 약 1만 6,688엔의 배상금이 각각 지불되었다.

잘려 버린 아시아에 대한 배상금

필리핀은 금전 배상을 주장하였다. 필리핀 대표 카를로스 로물로 Carlos P. Romulo 장군은 14조 a항에 확실히 불만의 뜻을 표명하였으며, 그 수익국은 대국大國이라고 지적하였다. 이 조항에는 일본이 전쟁 중에 끼친 손해나 고통에 대하여 연합국에게 배상금을 지불해야만 한다는 것이 승인되었다. 하지만 일본의 자원은 '완전한 배상금을 지불하고 다른 채무를 이행하기 위해서 현재 충분하지 않다'라는 것이다. 일본은 배상금을 지불할 의무는 있지만, 경제력이 충분하지 않기 때문에 금전이 아니라 다른 방식으로 지불할 수 있도록 하는 것이었다. 아시아의 배상 요구를 어느 정도 충족시키면서 일본의 생산력을 높이는 지불 방식으로 변화되었다. 지불 방식은 역무, 생산물 제공, 가공 배상이라고 하는 방식이었다. 미국의 안보 강화안과 아시아의 배상 요구와 일본의 경제 부흥을 위한 타협안으로서 탄생한 것이었다.

그는 1950년 일본의 1인당 국민소득은 피해를 입은 아시아 어느 나라보다 높고, 1949년에는 전쟁 전의 공업 수준에 이르렀다고 숫자를 들어

지적하였다. 일본의 배상 지불을 위한 4조건[12]—존립 가능한 경제 유지, 다른 채무 이행, 연합국의 추가 부담 피함, 외환 부담 부과를 피하는 것—은 인정되지만, 배상을 '역무'라고 하는 방식으로 제한함으로써 오히려 배상 요구국이 일본의 공업 기계에 대한 단순한 원료 공급자로서의 종속적인 위치에 처하게 된다고 지적하고 있다.

배상 방식에 불만을 품고 있던 버마(미얀마)와 인도는 회의에 불참하였다. 필리핀, 인도네시아는 참석하였지만 서명을 거부할 우려가 있었다. 이 때문에 미국의 시사를 받은 일본 대표가 회의장 안팎에서 '성의를 가지고 배상 실시에 해당하는 취지'를 이들 나라에 제의했다고 한다. 아시아 대표들은 일본의 배상 책임을 날카롭게 지적하면서 그 이행을 강하게 요구한 뒤에야 겨우 서명하였다.

인도네시아 대표 아흐마드 수바르조Achmad Subardjo는 400만 명의 인명 손실과 수십 억 달러의 물질적 피해에 대해 언급하였다. 인도네시아는 일본이 '현재는' 배상금을 지불할 수 없는 것을 알고 있지만, 14조는 만족할 수 있는 것이 아니라고 하면서 수정안을 제시하였다. 결국 인도네시아는 조약에 비준하지 않았다.

샌프란시스코조약은 배상의 지불 방식에도 제한을 두고 있다. 일본 정부가 가슴을 쓸어내리며 한시름 놓았듯이, 이 지불 방식은 일본의 경제 부흥에 도움이 되었고 무역이 확대되도록 하였다. 아시아는 지불 원칙에 따라 교섭에 임할 수밖에 없었고, 처음부터 '결과'가 보이는 교섭이었다.

12) 샌프란시스코강화회의에서 미국이 자국 부담을 줄이고 일본 경제를 살리기 위해 배상 지불 조건을 완화시킨 4조건을 말한다—옮긴이.

미국의 극동 전략 속에서, 본래 돈으로 지불되어야 할 배상금이 생산물이나 역무 형태로 바뀌었다. 피해자 손에 마땅히 들어가야 할 배상금이 공장이나 다리, 호텔로 탈바꿈하였다. 게다가 그 공사를 수주 받은 것은 일본 기업이며, 일본인 기술자가 서비스를 제공하고, 일본 공장에서 가공된 기계 등이 상대국으로 보내졌다. 배상은 일본의 경제 부흥으로 이어졌다. 이것이 일본이 과거를 청산하게 된 또 하나의 방법이었다.[13]

라오스나 캄보디아는 조약에 조인했는데, 배상청구권을 포기하고 후에 1958년 59년에 각각 경제·기술협력 협정을 체결하였다. 중화인민공화국과 중화민국, 조선민주주의인민공화국과 대한민국은 모두 샌프란시스코강화회의에 초청되지 않았다. 점령되고 지배받은 아시아 국가들에 대한 배상금은 미해결인 채 추후 양자 간 교섭으로 해결하도록 두었다.

일본인 한 사람 한 사람이 지불한 배상·준배상은 전부 합해도 약 1만 1000엔이다. 게다가 지불 시기는 일본의 경제 부흥기에서 고도 성장기로 늦춰지고 있었다. 일본은 배상의 부담에 허덕이는 일 없이 아시아에 대한 전쟁 배상을 끝냈던 것이다. 배상이라는 인식조차 희박했다.[14]

13) 일본은 패전 후, 과거의 식민지 지배나 패전국으로서 크게 두 가지 '청산' 절차를 거쳤다. 하나는 연합국에 의한 전쟁 재판(도쿄재판, BC급 재판), 다른 하나는 생산물·역무에 의한 배상금의 지불이다. 배상금이 금전이 아닌 생산물·역무로 바뀐 것은 미국이 자국의 부담을 줄이기 위해 일본 경제 부흥을 우선시했기 때문이다. 일본은 아시아에 금전 대신 도로·댐·공장 등을 만들어 주었고, 일본 정부는 일본 기업에게 돈을 지불하였다. 이로써 일본은 해외에 일절 돈을 지불하지 않았다.
당시 일본인은 1인당 1만 엔 정도를 배상을 위해 부담하였다. 일본은 고도 성장기에 있었기 때문에 거의 부담 없이 아시아에 대한 배상을 끝냈다. 일본 국민에게 배상이라는 인식은 극히 희미했다(2010년 4월 15일, 저자와의 대담에서 정리―옮긴이).

1951년 9월 7일 샌프란시스코에서 대일강화회의가 개최되었다. '단독 담화인가 전면 강화인가'라는 여론이 분열된 가운데 조인된 대일평화조약(1952년 4월 28일 발효)이다. 대한민국, 조선민주주의인민공화국, 중화민국, 중화인민공화국을 배제한 회의였다.

샌프란시스코조약에 참가할 수 없었던 중화민국이나 대한민국과의 국교 회복 교섭이 시작되었고, 식민지 지배와 그 처리를 결정하는 교섭이 시작되었다. 미국의 압력에 눌려, 일본이 한국과의 예비회담 자리에 앉은 것은 조약이 조인된 직후인 1951년 10월 20일이다. 교섭은 14년 동안 진행되었고, 1965년 6월 22일 한일조약(일본과 대한민국과 사이의 기본 관계에 관한 조약)이 조인되었다. 같은 해 12월 18일에 발효되었다. 한국은 청구권을 포기하고, 동시에 발효한 '청구권·경제협력 협정'으로 10년간 1,080억 엔(3억 달러)의 무상 제공, 720억 엔(2억 달러)의 차관, 1,080억 엔(3억 달러) 이상의 민간 신용 제공이 결정되었다.

샌프란시스코조약이 발효된 1952년 4월 28일에 일본과 중화민국 사이에는 '일본과 중화민국 사이의 평화조약'(日華條約)이 조인되었다(같은 해 8월 5일에 발효). 중화민국은 중간 배상으로 2,000만 달러 분의 일본 군수 시설을 받았지만, 배상은 포기하고 청구권 문제는 "특별히 해결할 주제로 한다"고 되었다. 하지만 이 결정도 이루어지기 전에 일본이 중화인민공화국과 '중일공동성명'(1979년 9월 29일 조인)을 발표, 일화조약은 '종료'되고 말았다. 일본과 중화인민공화국 사이에는, '일중평화우호조약'(1978년 8월 12일

---

14) 외무성 편, 『샌프란시스코회의 회의록(サン・フランシスコ会議議事録)』, 1951년; 배상청·외무성, 『대일배상 문서집(対日賠償文書集)』, 1951년.

조인, 10월 23일 발효)으로 중국은 '일본에 대한 전쟁 배상 청구를 포기할 것을 선언'(제5항)하고 있다.

전후 보상을 생각한다: '사죄'로부터 '화해'로

샌프란시스코강화조약 제11조에서 일본은 연합국의 전쟁 재판을 승인하였고, 전범은 계속 구류를 살게 되었다. 그러나 스가모형무소의 관리권이 일본으로 넘어왔을 때, 전범 석방을 위해 정부도 여론도 크게 움직이기 시작하였다. 재판국에 대한 움직임이 반복해서 일어났지만 석방에 대한 결정권은 연합군 재판국에 있었다. 일본 정부는 석방은 할 수 없지만 하나의 대책으로서 처우를 개선할 수는 있었다.

"감개무량합니다." 2006년 6월 20일 재일본 대한민국 민단의 8층에서 열린 기자회견 석상에서, 태면철도에서 일본병 군속으로 근무해 전범이 된 이학래 씨는 이렇게 이야기를 시작했다. 오른손에 나종일羅鍾一 주일 한국 대사로부터 건네받은 「일제강점하 강제 동원 피해 심의·결정 통지서」(일제강점하 강제 동원 피해 진상규명위원회 발행)를 들고 있었다. 강제 동원의 희생자인 것을 인정한 이 '종이'는 BC급 전범이었던 이 씨의 50년 평생에 걸친 운동의 결정이기도 하였다. 군속에 지원한 결과, 연합국으로부터 '전쟁 범죄인'으로 단죄되어 지금까지도 조국에 얼굴을 낼 수 없었고, 그러한 마음의 빚을 계속 안고 있었기 때문이다.

일제하에는 항일 열사도 있었는데, 비록 반강제라고는 해도 일본군에 지원

[그림 7-4] 태면철도에서 일한 조선인 군속들(뒷줄 왼쪽 끝에 서있는 사람이 동진회 회장 이학래 씨)

해 미안하게 생각한다. 이러한 민족적인 마음의 빚을 가지고 있는 우리에게
한국 정부가 강제 동원의 희생자라고 인정해 주었다. 감개무량하다.

통지서를 받았을 때에도 대사에게 똑같이 이야기하였다. 동석하고
있던 대사관의 정무조사원 홍종욱 씨는 대학원에서 '친일파' 연구를 하고
있는 연구자이기도 하다. 홍 씨는 이 말에 가슴이 벅차올랐다고 한다.
이전에는 '친일파', '나라의 도적國賊', '빨갱이'라고까지 매도된 이학래 씨
의 말을 젊은 한국의 연구자는 새롭게 받아들이고 있었다. 전후 60년이라
는 세월은 일제시대의 역사를 비판적으로 검증하고 냉정한 논의가 가능
하게 한 세월이라고도 할 수 있을 것이다.
  이학래 씨가 희생자로서 인정받은 것은 사형자가 명예를 회복한 것과

같은 이정표다. 싱가포르의 창기형무소에서 교수대에 오른 동료를 떠나보냈던 그는, 죽은 자들에 대한 생각을 짊어지고 지금까지 살아왔다. 그는 "무엇을 위한, 누구를 위한 죽음인가"를 끊임없이 다시 물어왔다고 한다. 함께 활동을 하고 있으면, 문득 이 씨는 살아 있는 자보다 죽은 자에 더 가까운 것은 아닐까. 그렇게 느낄 때도 있었다.

이학래 씨가 포로감시원으로 지원한 1942년 5월은 일본이 내각회의에서 조선에 징병제 시행을 결정했을 때다. 이 씨는 '군대에 가기 싫다. 탄광에 동원되는 것은 더더욱 싫다.' 그렇게 생각하고 있었다. 그때 2년 근무에 월급 50엔이라는 조건의 군속 모집이 있었다. 이 씨는 주저하면서도 갔다 오면 어떻게든 보통 수준의 생활을 할 수 있을 것이 아닌가. 어차피 군대에 가야 한다면 그것보다야 포로감시원을 하는 편이 낫다고 생각하고 지원했던 것이다.

하지만 일본군과 연합국이 직접 대치하는 감시원 일은 상상 이상으로 어려웠다. 포로를 노동 현장에 데리고 나가서 감시하고, 식량도 담당한다. 국력의 차이, 생활 정도, 인권 의식 등의 차이와 부딪혔다. 전장은 아니지만 '적군敵軍'과 24시간 얼굴을 맞대고 있는 곳이 포로수용소다. 일을 시키려고 하는 일본군, 일하기를 거부하는 포로, 노동 환경·조건의 차이도 컸다. 식량 하나만 보아도 연합국 포로들은 단백질, 지방, 칼슘이 풍부한 식사를 하고 있었다. 칼로리 섭취량도 달랐다. 식량의 질과 양은 상호간의 힘 관계가 여실히 반영되어 있었다. 포로는 일본군의 지나친 '궁핍함'에 괴로워하였고, 때로는 주민으로부터 식량을 사려고 하였다. 그것을 찾아낸 감시원들은 심하게 구타한 적도 있었다. 일본군의 포로 취급 규칙에 금지되어 있었기 때문이다. '묵인'한 사람도 있었다. 한두 번 때리고 눈감아준 자도 있었다. 규칙대로 처리한 자도 있었다. 그 조치를 포로들은 어떻게 받아들였을까. 학대라고 고발한 포로도 있었다.

국제법에 대한 생각도 완전히 다르다. 이학래 씨가 관리하고 있던 오스트레일리아군의 군의관 던롭E. W. Dunlop 중령의 일기日記에 따르면, 포로가 되기 전에 병사들은 '제네바조약'을 배워 포로의 권리를 알고 있었다. 그 던롭 군의관을 감시하고 있던 이학래 씨는 제네바조약이란 이름도 들어본 적이 없었다. '군인칙유軍人勅諭'와 '전진훈戰陣訓'과 '군속독법軍屬読法'이라고 하는 구타나 철권 제재는 주입 받았지만 전시 국제법 등은 하등 관련이 없었다. 일본인 하사관이나 병사나 비슷비슷하였다. 병사들에 대한 군대 교육에 국제법은 없었다. 육군사관학교나 육군대학의 교육과정에 국제법 과목은 있었지만 형식적인 것이었다. 병과 교육처럼 중시되지 않았다. 아시아태평양전쟁 시작과 함께 설치된 포로정보국은 포로수용소의 소장을 모아서 이틀간 '헤이그 육전조약陸戰条約'이나 '제네바조약' 등 포로에 관한 교육을 실시하고, 전시 국제법 관련 자료를 배포하였다. 문제는 그것을 실행에 옮길 수 있는 조건이 있었나 없었나 하는 것일 것이다.

많은 전범을 낸 태면철도에서는 포로수용소장이 포로 측에 서서 철도대와 대치하기도 하였다. 철도대가 포로의 노동 인원을 증가시키라고 요구하였지만 국제법을 내세워 거부한 것이다. 타이 포로수용소 제2 분소장 야나기다 쇼이치柳田正- 중령은 그 한 사람이다. '시끄러운 할아범'이라고 험담을 들어가면서도 수용소장은 포로 측에 서 있었다. 자유롭게 포로를 사용할 수 없는 철도대에게 포로수용소는 거추장스러운 존재였다. 패전 후 포로를 지킨 야나기다 중령도 예외 없이 전범으로 고발되었다.

법학부 출신의 장교 중에는 제네바조약의 존재를 알고 있던 사람도 있다. 태면철도로 철도 소대장이었던 다루모토 시게하루橲本重治는 도쿄 대학 법학부를 나와 철도성에 입사하였고, 포로에 관한 국제 조약의 존재를 알고 있었다. 장교에게 노동을 강제할 수 없는 것도 알고 있었다. 하지만 그 다루모토도 포로 학대 혐의로 전범이 되었다. 그는 장교의 노동 강제나 고급장교의 구타 등의 혐의로 패전 후 곧 체포되었다. 상대국과 아국의 국력 차이, 인권 의식, 국제법을 파악하는 방법, 문명관 등이 충돌하는 가운데, 일본이 추궁당한 전쟁 범죄, 그 범죄와 재판에 납득이 가지 않는 전범은 많다. 다루모토도 그 한 사람이다. 옛 식민지 출신의 한국인·조선인의 경우 문제는 한층 더 복잡하다.

옛 식민지 출신자를 일본인과 같이 전범이라고 그 죄를 물을 수 있는 것인가. 게다가 일본 정부가 샌프란시스코강화조약 후에 일본 국적을 상실했다는 이유로 원호 대상에서 제외시킨 것은 정당한 이유가 있는가. 일본인 전범과는 또 다른 문제가 있었다.

조선인 전범이 왜 지금도 일본 정부에 사죄와 보상을 계속 요구하고 있는지, 그 호소를 이해하고자 한다면 세 가지 의문점이 해명되어야 할 것이다.

하나는, 군속에 지원한 것이 강제적이었는가 하는 점이다. 동원될 때, 조선군은 징병이나 징용이 아니고 지원자 모집이라는 형태를 취하고 있었다. 이 때문에 한국 사회에서는 이른바 '지원'한 뒤에 전쟁 범죄인까지 된 한국인, 일제에 협력하고 군대에 들어가 전쟁 범죄자가 될 만큼 일본군에 협력한 친일 분자라고 취급되고 있었다.

"강제였다"라는 당사자 주장의 뒤편에는 언제나 "지원은 아닌가"라는 의혹이 붙어 있었다. 물론 3,000명이 있으면 3,000명의 지원 이유가 있다. "강제인가 지원인가", 이에 대한 대답은 열이면 열 사람 모두 다르다. "지원이라는 형태를 띤 강제였다"는 말이 많은 감시원의 심정을 나타낸다고 할 수 있을 것이다.

도조 히데키東條英機 육군대신은, 1942년 5월, 25만에서 30만 명의 연합국군 포로 감시에 대만인과 조선인을 '특수부대'에 편성할 것을 결정하였다. 이것을 받아들여 육군 참모 차장이 조선군에 조선인 군속 용병 3,000명을 차출하도록 명령하였다. 조선군은 조선총독부에 이 숫자의 군속을 기일까지 모집하도록 시달하였다. 이 통지를 받은 총독부 행정기구의 말단은 어떻게 움직였는가. 지역에 따라 다르다. 강제한 곳, 회유한 곳, 경찰이나 면面이나 구區의 공무원이 움직인 곳 등 다양하였다. 이 중에는 독립의 뜻을 품고 조선 탈출을 위해 '지원'한 사람도 있었다. 지원을 강제하지 않아도 징병제를 시행할 것이 각의閣議에서 결정(1942년 5월)되고 있던 때다. 징병을 피해 지원하였다고 해도 하등 이상할 것이 없었다. 징병을 앞두고 조선인들은 자신의 삶을 무리하게 선택하도록 강요당하고 있었던 것이다.

1942년 조선에서는 물론 이미 간도間島에서조차 빨치산도 김일성도 그 이름조차 들을 수 없었다.15) 많은 지원자는 2년간 참고 군속으로 가면 지금의 동자기둥 같은 생활로부터 빠져 나와 일본인과 같이 "잘난 사람이 될 수 있다'라고 기대하고 있었다. 순순한 강제, 폐색 짙은 상황 속에서의 소극적인 선택이 바로 지원이다. 그 때문에 때로는 '반강제'라고 하는 표현을 사용하는 사람도 있었다. 이학래 씨도 그러한 소극적인 '지원'이었다. "항일 투쟁을 하지 않았다", "모집에 응했다"라고 누가 지탄할 수 있겠는가.

이학래 씨 등 옛 전범은 그 빚을 마음에 새기면서 평생을 살아왔다. 일본 정부에 집요하게 계속 보상요청서를 내었다. 하지만 전범에 대한 보상 문제는 한일회담에서 논의 대상에도 들어가지 않았다. 한국 정부에는 분노가 없다. 한국을 위해 아무것도 하지 않았기 때문이라고 단념하고 있었다. '나라'가 버렸다 생각하여 한국 정부에 아무런 요청도 하지 않았다. 연합국 재판에 많은 불만을 안고 있으면서도 포로들의 참상을 보아온 감시원들은 그들이 적개심을 가지고 자신들을 원망하는 것도 수긍할 수 있다고 한다. 연합국 재판에 이의 제기도 하지 않았다. 그것은 포로감시원이었던 자신들의 행동에 책임을 지는 하나의 방법이었다. 그 시선은 일본 정부의 책임으로 향해 갔다.

한국의 진상규명위원회에서는 전범을 '희생자'라고 인정하는 것에 반대 의견도 있었다고 한다. 그들 중에는 "3,000명이 갔는데 전범이 된 것은 129명뿐이다. 역시 무언가 특별히 한 것이……"라고 의견을 말하는 위원도 있었다고 들었다. 당연한 의문이다. 왜 3,000명 중 129명인가.

15) 아시아태평양전쟁으로 인해 일제의 통제는 더욱 강화되었으며, 군인 군속 징용과 치안유지법으로 인한 체포 등으로 인해 조선에서는 표면적으로 독립운동이나 사회주의 활동이 거의 불가능하였다―옮긴이.

근무가 편한 곳에서는 문제가 일어나지 않는다. 포로에게 얼굴이 알려지지 않고 사무실에 있던 감시원은 전범이 되지 않았다는 설명도 가능하다. 전범이 집중된 곳은 태면철도泰緬鉄道, 동부 인도네시아의 비행장 건설, 수마트라의 군용도로 건설, 그리고 1944년부터의 자바의 네덜란드 민간인 억류소 등은 모두 가장 근무가 힘들었던 곳이다.

그것만이 아니다. 일본군 포로의 취급, 연합국으로부터 반복된 항의를 무시한 일본군의 문제도 있다. 이학래 씨가 근무하였던 태면철도 현장은 특히 주목되었다.

도망한 포로에게 얻은 정보가 있었다. 타이에서 일본으로 보내진 포로를 태운 라쿠요마루楽洋丸가 격침되었는데, 구출된 포로로부터 미국은 정보를 수집하였다. 태면철도에서의 포로 학대에 관한 많은 정보가 모아졌다.

필리핀 포로를 풀어준 맥아더는 그 참상에 충격을 받아 일본 정부에 그에 대한 책임을 추궁할 것을 명하였다. 연합국은 수많은 일본군의 전쟁 범죄 중에서도 포로 학대 추궁으로 좁혀 갔다. 이학래 씨 등은 그 최전선에 있었던 것이다.

이학래 씨는 "정말로 포로의 상태는 심각했다"고 한다. 태면철도와 같은 극한 상황의 현장에서는 국제법에 의거해 포로를 취급하는 것은 거의 불가능했다. 조약 등을 문제 삼고 있을 수 없을 정도로 현장은 핍박했고, 포로와의 긴장 관계는 계속 되었다. 강제 노동, 구타, 식량·의약품 부족 등은 현장이 가혹하면 할수록 빈번히 발생한다. 학대 받은 포로에게는 일본군의 정책이나 포로 취급 등이 아니라 한 사람 한 사람의 그 범죄

행위가 문제였다. 그 행위를 고발한 것이 전쟁 재판이다.

　비록 상관의 명령이었다고 하더라도, 위법한 명령에 따라 전쟁 범죄에 해당하는 한 사람 한 사람의 행위가 문제시되어 재판에 회부되었다. 심한 노동을 시키고, 때로는 구타·고문을 가하고 학대한 것은 피해 받은 포로 입장에서는 용서할 수 없는 행위였다. 전쟁 재판 기록에는 이러한 사실이 상세하게 쓰여 있고 가해자가 잊고 있는 사실도 증언으로서 제출되었다. 그 증언한 기록이 모두 잘못되었다고 생각할 수는 없다. 피해자는 피해 사실을 상세하게 기억하고 있었다. 그러나 모두 사실이라고 단언할 수는 없다. 특정한 가해자가 했다고 말할 수 없는 행위도 함께 쓰여 있는 경우도 있기 때문이다.

　전쟁 재판 기록을 어떻게 이해할 것인가. 이것이 이학래 씨 등 전범 문제를 풀기 위해서 생각해야 하는 두 번째 의문이다. 재판 기록은 현재 거의 공개되어 있다. 미국의 국립 공문서관에 소장되어 있는 할아버지의 기록을 읽은 대학생은 쇼크를 받았다. 포로수용소장이었던 할아버지에 대한 기록은 그녀가 알고 있는 할아버지가 아니었다. 기록을 읽은 후, 그녀는 새로이 일본의 포로 취급에 대해 배우고 포로와 교류를 하면서 문제를 계속 생각하고 있다.

　수마트라Sumatra에서 전범이 된 정규문丁奎文 씨의 손자는 외국 자본계 기업에 근무하는 엘리트 샐러리맨이지만, 할아버지의 재판 기록을 보고 쇼크를 받은 것 같았다. 각국의 공문서관에 보존되어 있는 재판 기록에는 전쟁 중 포로를 학대한 '사실'이 상세하게 기록되어 있다. 한 사람 한 사람 피고의 전쟁 범죄 기록이다. 이 기록을 어떻게 읽어야 할까. 그런 사실이

[그림 7-5] 던롭 씨와 화해하고 있는 이학래 씨(「아사히신문」, 1991년 9월 17일자)

없었다고 부정하기에는 기록이 너무나 상세하다. 증언도 있다. 다루모토 씨는 "저런 것은 재판이 아니다"라며 분개하였다. 재판이 어떻게 행해졌는지, 거기에 써 놓은 증언이나 사실은 어떻게 수집되어 어떻게 해서 피해 행위로서 인정되었는지 여러 가지 문제가 있을 수 있기 때문이다. 다루모토 씨는 그 때문에 자신의 '전쟁 범죄'를 상세하게 수기로 남기고 있다.[16]

그러나 많은 증언들은 일본군의 전쟁 범죄를 떠올리게 하고 있다. 문제는 거기에 쓰여 있는 사실의 검증은 물론 '전쟁 범죄란 무엇인가', '재판되어진 전쟁 범죄를 우리들은 어떻게 생각할 것인가', '죄가 있다, 없다'라는 결론을 내는 것이 아니라, 왜 이러한 '사건'이 일어났는지, 거기서 무엇을 추궁당하였는지, 전쟁 재판의 기록으로부터 추궁당한 일본의 전쟁 범죄란 무엇인가를 생각해야 하는 것이 아닐까. 대학생 사토코聰子 씨는 소송을 건 연합국 전 포로들과 대화하면서 학대 - 전쟁 재판 - 전범 문제를 생각하였다. 그것을 '화해'로 연결하여 이해의 실마리를 만들어 내는 노력을 계속하고 있다.

이학래 씨는 오스트레일리아까지 가서 자신을 고발한 던롭 중령과 대화하였다. 한 번 만났다고 모든 것이 해결될 정도로 문제가 간단하지는 않지만 그래도 이해를 위한 첫 걸음을 내딛었다. 연합국 재판에도 불만을 가지고 있었다. 하지만 포로의 참상을 보았던 그들은 포로들이 자신들에게 적개심을 가지고 원망하는 것도 납득이 간다고 하였다. 이학래 씨는 아무리 몰랐다고는 해도 일본군의 명령에 따르고 말았던 과거를 반성하고, 스가모형무소Sugamo Prison에서 '왜 속았는가'라는 것에 대한 대답을 계속 찾았다. 처음으로 사회과학을 접하고 마르크스나 레닌의 이름을 알았던 것도 스가모였다. 연합국의 재판에 표면화한 이의 제기를 하지 않는 것은 그들 나름대로 책임을 지는 방법이었다. 그만큼 일본 정부를 향한 시선이 매섭다.

16) 『어느 전범의 수기(ある戦犯の手記)』, 現代史料出版.

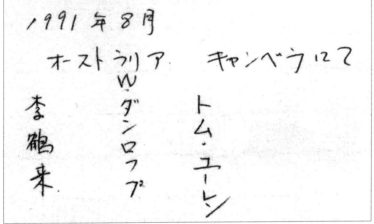

[그림 7-6] 1991년 8월 이학래 씨는 오스트레일리아 캔버라에서 포로였던 던롭 씨에게 사죄하고 화해하였다

이학래 씨 등에게 전쟁 책임은 없는가. 이에 대해 '일제강점하 강제 동원 피해 진상규명위원회'에서는 전범에 대해 격렬한 논의가 있었다고 한다. 이러한 논의를 토대로, 전범으로 추궁당한 전 조선인 군속도 또한 '강제 동원의 희생자'라고 인정되었던 것이다. 그 의미는 크다. '강제'였던

[그림 7-7] 1959년 2월 22일 일본 도쿄 도시마공회당에서
동진회(회장 이학래)가 총회를 개최한 후 촬영한 기념사진

것을 '자신의 나라'에서 인정받은 이학래 씨는 이제 겨우 '포로와의 화해'
라고 하는 새로운 길에 나섰다. 1991년에는 자신을 고소한 던롭 중령을
만나러 오스트레일리아에 나가 사죄한 적이 있다. 한국에서의 '인정'을

거쳐 간신히 '사죄'로부터 '화해'로의 새로운 길을 옛 조선인 전범 이학래 씨가 찾고 있다.

그리고 세 번째로 밝혀내야 하는 의문은 조선인의 청년을 전장으로 내몰고 전범재판의 법정에 서게 했으면서도, 패전 후 그 원호를 거부해 온 일본 정부·일본 국가의 전쟁 책임에 대한 대응이다.

도쿄재판·BC급 전범 재판으로 전쟁 범죄의 추궁을 끝낸 일본은 스스로 침략 전쟁 지도자들의 책임을 묻지 않아도 되었다. 전쟁을 지도한 참모도 정치가도 지금까지 고액의 은급을 받아 왔다. 그중 한 사람인 쓰지 마사노부辻政信가 참의원 의원으로 당선되었고, 이학래 씨 등 동진회同進會의 보상 요구를 비판하고 있다. 동진회 운동은 50년 이상 계속되어 왔다. 일본 정부의 부조리한 취급에 분노한 사람들이 이학래 씨 등과 운동을 같이하면서, 일본의 전쟁 책임, 식민지 지배의 책임을 생각해 왔다.

아시아 피해자들의 소리는 일본의 시민에게 전쟁 책임과 패전 책임을 어떻게 할 것인지에 대해 물어 왔다. 그 소리에 귀를 기울인다면 일본이 과거와 어떻게 마주해 왔는지 묻지 않을 수 없으며, 전후보상 운동은 바로 일본인의 역사인식에 대한 질문이라고 할 수 있다.

역자 후기

1

전후보상이란 무엇인가. 풀어쓰면 전쟁 후의 보상 문제라는 것인데, 1945년 일본이 연합군에게 전쟁에 패하고도 벌써 65년이 지났다. 전쟁이 끝나고 얼마나 지났는데 지금 와서 왜 전후보상이 거론되는가. 대답은 당연히 아직 이것이 해결되지 않았기 때문이다.

그러면 도대체 무엇이 해결되지 않았는가. 그것은 일본이 승전국과 옛 식민지·점령지 국가에게 갚아야 할 배상금과 보상금, 식민지 지배에 대한 반성과 청산 문제다.

2

이 문제가 발생하게 된 근본적인 원인은 100년 전으로 거슬러 올라간다. 1910년 한국병합. 일본이 한국을 침략하여 식민지로 만든 이 시점부터 두 나라 사이에 불행하고 불쾌한 역사가 전개되었다. 일본은 1910년부터 1945년까지 한국을 식민 지배하였다. 한국 민중들은 자신들의 터전인 도시를 개발하는 결정과정에서 소외되었고, 자신들의 언어인 한국어를 쓰지 못하게 되었다. 매일 "우리들은 천황의 충성스런 신하다……"라는

---

* 조선, 조선인에 대해서는 당시의 용어를 그대로 썼다.

'황국신민 헌장'을 큰소리로 복창해야 했으며, 조상들에게 물려받은 성조차 바꾸어야 했다. 치욕이다. 자존심을 상실한 시대였다.

이 시기에 일본제국주의는 조선(지금의 대한민국과 조선민주주의인민공화국의 영토)을 병참기지화하여 만주사변과 중일전쟁을 일으켰다. 특히 1942년부터 세계대전으로 커지면서, 이 땅에서 생산된 모든 물자와 노동력을 총동원하여 전쟁을 수행하였다. 일본 천황과 내각은 '국민총동원령'을 내려 조선인들을 강제로 군대에 동원하고, '위안부'로 끌고 갔다. 또 노무자로서 목숨을 담보할 수 없는 탄광이나 댐 공사장으로 강제 동원하여 일본과 남방까지 끌고 갔다.

그러나 일본은 2차 세계대전에서 동맹국이었던 이탈리아·독일과 함께 패했다. 일본이 19세기 중반부터 영국·미국을 등에 업고 근대 식민지 쟁탈 전쟁에 동참한 이후 80여 년 만이었다. 일본은 처음에 류큐왕국(지금의 오키나와)과 홋카이도北海道를 장악하였고 대만·조선·만주를 차례차례 점령하며 식민지화하였다. 1940년대가 되면 중국도 절반 이상을 점령하였고, 인도네시아·필리핀·오스트레일리아 등 남방까지 그들의 수중에 넣었다.

아시아에서의 이러한 일본의 기세를 꺾기 위하여 미국·영국이 중심이 되어 연합국을 만들었다. 미국은 전쟁에 이기기 위하여 히로시마廣島·나가사키長崎에 원자폭탄을 터뜨렸다. 도쿄 도심과 군사도시를 불바다로 만들자, 놀란 일본 '천황'은 무조건 항복하였다. 일본은 원폭과 대공습으로 폐허가 되었고 패닉상태로 되었다. 국가가 저지른 일 때문에 일본에서도 죄 없는 많은 시민들이 목숨을 잃고 부상을 당하였다. 아직도 원폭

2세들은 커다란 아픔을 겪고 있다. 여기에는 한국인들도 포함되어 있다. 이로 인해 일본인들은 식민지 지배에 대한 가해의식보다 그들의 인식 속에 피해의식이 더욱 크게 자리 잡았다. 원폭의 위력은 상상을 초월했고, 히로시마를 잿더미로 만들어버렸다. 전쟁은 누구에게 이익이 되는가.

일본 패전 이후, 한반도에는 미군정과 소군정이 설치되고, 일본에는 GHQ가 설치되었다. 연합군에게 패배한 일본이 세계무대에 다시 복귀하기 위해서는 승전국과 옛 식민지 국가에게 배상금과 보상금을 지불해야 했다. 일본이라는 나라 자체가 패망하기 직전이었다. 그러나 당시 세계의 냉전체제의 흐름은 일본에 유리하게 전개되었다. 아시아 전체가 어떻게 재편될지 모르는 상황에서, 한반도는 냉전체제의 희생물로서 분단될 위기에 처하게 된다. 결국 식민지 지배와 패전국으로서 책임을 져야 할 일본 대신 조선이 남북으로 분단되었고, 한국전쟁을 통해 일본은 다시 미국을 등에 업고 경제적으로 부활하게 되었다. 이때 발생한 문제가 각국으로 동원하였던 조선인 송환 문제, 영토 문제(독도 문제), 노무자의 미불금 문제, 위안부에 대한 사죄와 보상 문제, 호적·국적 문제 등이다.

3

현재 한국과 일본의 초미의 외교 문제의 발단은 바로 이 지점에서 발생한다. 치욕스런 식민지 지배를 당했다는 자존심 문제를 뒤로하고라도 현실적으로 해결해야 할 문제는 크게 서너 가지로 압축할 수 있다. '조선인 BC급 전범', '위안부', 강제동원 노무자에 대한 보상 문제, 호적

· 국적 문제 등이다.

　먼저, 조선인 BC급 전범 문제다. 대상은 식민지 시기에 일본 군대에 끌려가거나 동원된 군인과 군속이다. 군속은 자원해서 갔다고 하지만 당시 그곳에 가지 않으면 군대에 끌려갔으니 선택의 여지가 없이 동원된 것이나 다름없다. 이 조선인 군인·군속들은 일본이 전쟁에 패한 후 포로를 학대했다고 하여 '일본군으로서' 전범으로 구속되어 현지에서 사형을 당했다. 또 일본 스가모형무소에 끌려 갔다. 일본군에 끌려가 인도네시아 등 지독한 곳에 배치되었음에도 '일본군'으로서 재판을 받은 것이다. 너무나 어처구니없는 일이다. 군대에 끌려간 것도 억울한데 다시 전범으로 사형을 당하고 징역까지 살아야 했던 것이다. 이때 살아남은 전범들이 일본에서 '동진회'라는 것을 만들고, 평생토록 일본 정부에 사죄와 보상을 요구하는 법안을 만들도록 요구하고 있다. 60년이 넘었다. 어제도 요구하고 오늘도 요구하고, 눈을 감을 때까지 아니 죽어서라도 계속할 것이다.

　이학래 씨. 85세. 그는 죽어간 전범 친구들의 전쟁 범죄자라는 오명을 벗기기 위하여 빚진 마음으로 '동진회'와 법안 성립 운동을 계속하고 있다. 그를 보상법안을 요구하는 집회(일본 국회 참의원 빌딩)에서 처음 만났다. 우쓰미 선생님으로부터 BC급 전범, 동진회와 그 자료에서 대해서는 설명을 들었던 터라 그리 낯설지 않았다. 하지만 무표정으로 조용하게 자리하고 있는 이학래 씨를 만나고 나니, 대체 이것이 무슨 일이란 말인가. 왜 역사 속에나 있을 법한 일이 지금 현재 일본 국회에서 요구되고 있는지 가슴 깊숙한 곳에서 분노가 스멀거리며 치밀어 오른다. 복잡하면서 애틋한 마음을 감출 수 없었다.

두 번째, '위안부'는 어떠한가. 대상은 생리를 하고 있는 젊은 여성이다. 한국인뿐만 아니라, 일본이 점령한 국가의 모든 젊은 여성이 대상이었다. 한국뿐만 아니라 대만·필리핀·네덜란드 등에 있는 어린 여성들이 일본 군대의 군홧발 속으로 끌려가 성희롱을 받았다. 섬세하고 아름다운 꽃 같은 청춘이 모두 짓이겨졌다. 전쟁통 속에 여성들의 인권은 무참하게 짓밟혔다.

이○○ 할머니. 80세. 그녀를 처음 만난 것은 2년 전 가스미가세키의 어느 강당이었다. 그녀는 자신이 위안부로 끌려간 이후 후유증으로 생긴 흉터를 내보이며 일본 천황에게 사죄를 요구했다. "내 평생토록 아픈 상처와 영혼을 어떻게 보상할 것인가. 천황은 무릎 꿇고 사죄해라. 사죄를 안 하면 네가 사는 집에 불을 지를 것이다"라고 외쳤다. 그것도 도쿄 한복판에서. 이것은 옛날이야기가 아니다. 21세기 현재 오늘도 벌어지고 있는 일이다.

아프다. 가슴이 저려온다. 나도 여성이고, 내 딸도 여성이다. 전쟁이 일어나면 언제든지 발생할 수 있는 일이라고 생각하니 머리끝으로 냉기가 엄습해 온다. 무섭고 섬찍하다.

세 번째, 일본 정부가 시쳇말로 노무자를 동원하여 일을 시켜 놓고 그들의 봉급과 퇴직금을 돌려주지 않고 가로챈 것이다. 일본 정부가 GHQ의 뒷배경을 이용하여 노무자들에게 돌려주어야 할 봉급과 연금을 '공탁'이라는 이름으로 슬그머니 모았다. 당시에 밝혀진 것만 모두 2억 8,000만 엔이다. 1949년부터 1952년까지. 우리나라가 미국과 소련을 대신하여 남북으로 갈리어 전쟁하는 동안, 일본은 GHQ로부터 독립하였고 노무자들의 봉급은 도쿄 법무국과 일본은행이 공탁 관리하였다. 무슨 이런 경우가 있나. 일을 시켰으면 당연히 봉급을 주어야지. 퇴직을 했으면 퇴직금을 주어야지. 격동적인 역사적 사실이 있었어도 최소한의 조치를 취했어야 할 일이다. 일본 정부는 조선인 노무자들에게 그들의 봉급을 아직 돌려주지 않았다.

그런데 이 문제는 1965년 박정희 정권이 청구권을 포기하고 일본으로부터 경제협력자금을 받음으로써 더욱 복잡하게 전개된다. 무상 3억, 유상 2억, 민간자금 3억 등 경제협력자금에 강제 동원된 노무자들의 봉급이 들어 있었던 것이다. 이제는 강제 동원된 노무자들의 봉급을 한국 정부가 제 주머니로 가져갔다. 이래도 된단 말인가. 상식적으로도 이해할 수 없는 일이 발생한 것이다. 1990년대 이래로 일본의 변호사회에서는 개인이 이 돈을 청구할 수 있다고 판단하였고 재판을 걸었다. 수십 건을 일본 정부를 상대로 법원에 제소하였고, 작년부터는 한국에서도 일본 기업을 대상으로 피해자들이 소송을 걸고 있다.

여하튼 한국 정부는 일본 정부로부터 돈을 받았기 때문에 박정희 정권 당시에 특별법을 만들어, 일부 노무자들에게 적지만 보상금을 지불하였다. 하지만 절반 이상의 사람들은 보상을 받지 못했다. 그래서 노무현 정권에서는 과거사 청산 정책의 일환으로 보상을 하려고 했다. 그래서 특별법을 만들었다. '일제강점하 강제 동원 진상규명위원회'와 '보상법안'이 바로 그것이다. 그러나 안타깝게도 노무자의 봉급을 입증할 당시의 기록이 한국에는 없다.

그래서 일본에서 '강제 동원 진상규명을 위한 시민단체'가 만들어졌다. 기록 찾아 삼만리였다. 여기저기 산재되어 있는 명부가 한국으로 보내졌다. 그러나 몇 십만이라고도 하고 이삼십만 명이라고 하는 정리된 명부는 없었다. 노무자 명부는 특히 부족하다.

이 문제를 해결하기 위한 방안의 하나로, 나는 작년 고베에서 일본의 시민네트워크 주최의 심포지엄에서 노무자의 공탁명부에 대한 연구발표를 하였다. 공탁명부는 도대체 어디에 있는가. 이 연구에서 몇 가지 중요한 사실들을 발견하였다. GHQ가 1946년부터 미불금에 관여되어 있었다는 것. 한국전쟁통에 이승만 정부가 일본에 이 자금을 요구하였으나 GHQ가 관여하여 돌려받지 못했다는 점, 1951년부터 일본의 정령에 의해 도쿄 법무국에 공탁되었고, 공탁명부가 보존되어 있다는 점, 1952년 GHQ가 물러나 일본이 자주국가가 되면서 GHQ가 관리하던 자금은 모두 일본이 돌려 받았다는 것 등을 알게 되었다.

공탁명부(금전과 유가증권 한정)는 현재 일본 법무국에 있으며, 그 공탁금은 일본은행이 지금도 관리하고 있다. 당시 돈 2억 8,000만 엔이다. 1945년에 1,000엔으로 웬만한 집을 샀다고 하니, 지금 한국 돈으로 환산하면 조가 넘는 돈이다. 이것과 관련되어 법무국에 있던 노무자 명부는 일본의 국회의원·시민단체, 한국의 일제강제동원진상규명위원회 등의 노력으로 일본 정부가 한국 정부로 보내게 되었다. 물론 금전과 유가증권으로 공탁된 명부만이다. 우편저금이나 사회보험 등과 관련된 명부 등은 아직 실태조차 제대로 파악되어 있지 않다. 이 명부는 현재 후생성과 사회보험성이 가지고 있다는 것이 확인되고 있으나, 일본 정부는 명부를 제공하지 않고 있다. 그들은 명부에 한국인이라는 표시가 없기 때문에 일본인의 개인정보보호를 위함이라고 이유를 설명한다. 핑계 없는 무덤 없다고 한다. 방법을 찾으려 하면 어떻게든 찾을 수 있을 것이다.

더구나 이 문제는 아직도 우리가 남북으로 갈라져 있기 때문에 더욱 복잡하다. 일본 정부가 남한에게 청구자금이든 경제협력자금이든 돈을 주었듯이, 북한에도 보상금을 주어야 하기 때문에 문제는 더욱 중층적이다. 그래서 정확한 명부를 선뜻 건네주지 못하고 있을 것이다.

네 번째 호적·국적 문제다. 일본은 식민지 지배 당시 제국과 식민지로 나누어 '내지(일본 본토)'와 '외지(식민지, 점령지)'를 구분하여 호적으로 차별정책을 취했다. 전후에도 '내지'의 일본인들은 챙기면서도 '외지'의 조선인·대만인·중국인들은 귀화하여 국적을 바꾸지 않는 한 보상하지 않았다. 지금도 전전戰前부터 살아온 재일조선인들은 이전의 '조선' 국적 그대로이거나 '한국' 국적 등을 가지고 영주하고 있다. 그래서 60만 명이나 되는 재일조선인들에게는 참정권이 없다. 이들이 일본에서 선거로 민주주의를 실천하는 것은 원천적으로 봉쇄되어 있는 구조다.

4

이렇듯, 식민지 지배의 청산 문제 즉 전후보상 문제는 현재진행형이다. 100년 전 일본이 한반도를 식민지로 지배하여 파생된 일이 현재까지도 해결되지 않고 있다. 한국은 물론 대만, 중국의 피해자들도 선진국 일본의 수도 도쿄 도심에 있는 고등법원에서 아우성을 치고 있다.

왜 이렇게 되었을까. 바로 이 문제의 발생 원인을 세계 체제 속에서의 구조적인 시스템으로 구체적으로 파헤친 것이 우쓰미 선생님의

이 글이다.

우쓰미 선생님은 이 문제를 정확하게 짚고 계셨다. 배상금을 통해 미국이 동아시아를 어떻게 통제했는지 치밀하게 고찰하였다. 해방 이후 일본과 한국·북한·중국·대만 등의 과거 보상은 냉전논리에 밀려 해결되지 못하였다. 가장 큰 이유는 미국이 냉전체제에 대응하기 위해 짠 극동전략에 있는 것이다. 한국전쟁이 터지면서 일본의 극동아시아에서의 전략적 위치는 더욱 중요해졌다. 전쟁에 이기기 위해 일본을 마구 파괴한 미국은 일본을 회생시키는 것에 너무나 많은 돈을 들였다. 그러나 언제까지나 미국시민들의 세금으로 일본을 먹여 살릴 수는 없었다.

그래서 미국은 연합국은 물론 중국·대만 등에게 배상금을 포기하도록 유도하였고, 필리핀·인도 등에게는 배상금을 경제협력방식으로 바꾸도록 강요하였다. 이러한 미국의 요구와 통제에 정면으로 대응할 배짱 좋은 나라는 없었다. 결국 미국에 의해 일본은 경제대국으로 우뚝 섰고, 전쟁의 후유증은 아직도 남아 있게 되었다. 아시아에 대한 일본의 전후보상 문제는 미국을 뒷배경으로 하여 일본에게 유리한 방향으로 전개되었고, 냉전논리에 밀려 제대로 해결되지 못하였던 것이다.

아니 오히려 세계는 냉전체제가 끝났다고 하지만, 우리가 살고 있는 한반도는 아직도 휴전상태고, 언제든지 전쟁에 돌입할 수 있는 상태다. 세계 체제의 힘의 논리 속에 한반도에 사는 남북한 사람들은 생명마저 담보할 수 없다. 무서운 일이다. 우리들에게는 아직도 우리 민족을 용서하고 화해할 자유가 없다. 식민지가 끝나고 전쟁이 끝나고도 65년이라는 긴 세월이 흘렀음에도 말이다.

5

어떻게 할 것인가. 선생님의 글을 읽고 나를 되돌아보았다. 나는 이른바 386세대이고(지금은 486세대지만…), 여고생인 내 딸의 말에 의하면, 386세대들은 자신들이 진보적이라고 착각하고 있지만 이미 구세대라고 한다. (웃음) 그러고 보면, 겁 없이 군사독재정권 타도를 외치던 때로부터 벌써 강산이 두세 번 바뀌었다. 구세대는 구세대지……. 구세대인지 신세대인지 무슨 세대인지 생각할 겨를도 없이, 세월은 지나가버렸다.

그렇다. 나는 1980년 5월 '광주'(당시 광주사태, 광주민주화운동)의 충격으로부터 역사인식이 변화되었다. 이후 국가의 폭력에 반대하며 활동한 후유증은 아직도 남아 있다. 그동안 앞만 보고 살아오면서 잊고 있었던 여러 가지 일들이 주마등처럼 지나갔다. 선생님 글을 읽으면서 군부 독재 정권하에서 뜻을 함께하다 죽어 간 친구들에 대한 기억이 클로즈업 되면서 분노가 치밀어 올랐다. 일본 정부에 의해서나 한국 정부에 의해 모두 국가의 폭력에 의해 깊은 마음의 상처를 받거나 개죽음을 당한 억울한 삶이기 때문이다. 하나는 이민족의 지배, 또 하나는 동족의 지배에 의한 폭력이다.

한국은 민주화 정권 시절부터 민주화운동 보상으로 많은 피해자들이 명예를 회복하고 원하면 보상도 받을 수 있다. 일본은 정부 차원에서 전후 보상 문제를 해결하여 국가 이미지를 회복해야 할 것이다. 이는 글로벌시대에 그들이 피해를 입힌 아시아의 여러 나라들과 더불어 살기 위한 가장 필수조건이 될 것이다.

우쓰미 아이코 선생님은 게이센대학을 퇴직하신 후에도 계속 '동진회'가 조선인 BC급 전범 보상요구안을 국회에 상정하도록 돕고 있다.

일본의 정치 1번가 가스미가세키霞が関에 있는 도쿄고등법원 앞에서 일제시기의 식민지 지배에 대한 역사적 증언을 계속하고 계신다. 그 외에도 아시아를 넘어 국가와 국적을 넘는 많은 민주주의를 위한 활동을 하고 계신다. 선생님과 시민단체들의 20여 년 동안의 활동으로, 일본에는 아시아 여러 나라에 대해 가해자의 입장에서 자신들의 과거를 정면에서 바라보고 현재와 미래를 헤쳐 나가려는 많은 시민단체들이 있다.

[그림 8-1] 2010년 5월 일본 시민단체가 마산 제이티정밀(전국금속노조 소속)의 다국적기업 폐쇄 투쟁 현장을 방문하는 모습. 파산했다고 근로자들을 속이고 직장을 폐쇄한 것에 대해 항의하는 현장을 'KAJA'라는 코리아재팬올터네이티브그룹이 직접 방문

옛 군인군속을 돕는 모임, 조선인 유골 반환을 돕는 모임, 헌법9조 개정 반대모임, 위안부를 생각하는 모임, 강제동원재판을 돕는 변호사모임 등 수십 개의 단체가 개미처럼 활동하고 있다. 최근에는 한류를 발단으

로 하여 그동안 알려지지 않았던 한일역사를 공부하는 시민모임이나 연극이나 음악 등 문화 활동을 통해 시민들에게 알리려는 움직임도 새롭게 나타나고 있는 추세다.

[그림 8-2] 2010년 1월 삿포로와 도쿄에서 열린 조선인전범문제를 다룬 연극 "빈탄 부-살" 다케미(武見) 대표가 이끄는 연극단체 '극론 삼자회담'의 연극을 담은 「홋카이도신문」 "빈탄 부-살"은 인도네시아어로 커다란 별이라는 뜻으로, 군속을 나타냄

전후보상 문제를 안고 있는 것은 비단 일본만이 아니다. 우리나라도 1960년대 베트남전쟁에 참전하여 많은 사람을 살상하였고 고아들을 양산하였다. 노무현 전 대통령이 베트남에 가서 사죄하였지만, 그들에게 한국이라는 이미지는 결코 좋을 수가 없다. 일본과 사정이 다르기는 하지만 마음 속 깊은 반성과 사죄, 적절한 보상을 해야 할 것이다.

다행히 우리나라에는 오랜 민주화투쟁 경험과 촛불시위문화가 일상 생활 속에 자리 잡았다. 2010년 6월 선거를 통해 다시 한 번 국가가 국민의 뜻에 반하여 함부로 정책을 시행할 수 없다는 것을 증명하였다. 이러한 한국의 풀뿌리민주주의와 일본의 풀뿌리민주주의가 만난다면 행복하고 기분 좋은 한일관계, 아시아관계가 만들어지지 않을까.

우쓰미 선생님과 시민단체와 더불어, 아시아의 과거를 제대로 인식하고 일본과 한국의 현재와 미래를 맞이하려고 한다. 어느 국가이던지 국가의 폭력에 의해 무고한 시민들이 더 희생되는 일이 있어서는 안 되겠기에. 나는 전쟁을 반대한다. 참다운 평화를 희망한다. 내 딸과 내 아들들이 아프지 않도록.

이 책은 참다운 평화를 만들기 위한 지혜를 만들기 위해서 우리들이 반드시 알아야 할 것들이 씌어져 있다. 이 책을 통해 한국과 일본, 아시아 역사에 대한 정확한 인식이 이루어지고, 국가와 국적을 뛰어넘는 풀뿌리 민주주의를 만드는 것에 조금이라도 도움이 되었으면 한다.

2010년 7월 7일
도쿄에서 김경남

감사의 말씀

현대 일본의 변화상을 체계적으로 한국 사회에 전달하려는 '출판사'이자 풀뿌리 민주주의 '실천사'인 논형에 감사드린다. 또한 한국어판을 위해 옮긴이의 성가신 질문과 요구를 모두 받아주신 우쓰미 선생님께 마음 속 깊이 감사의 말씀을 올린다.

전후보상 재판 일람

번호	소송명	계류 재판소	제소·공소 ·상고	판결·취하	확정
1	「원폭의료법」의 재한(在韓) 피폭자에 대한 적용 가부를 묻는 손진두(孫振斗) 의료수첩 재판*	福岡地裁 福岡高裁 最高裁	72.3.7 74.4.12 75.7.31	1974.3.30 용인 1975.7.7 용인 1978.3.30 용인	확정
2	대만인 옛 군속 군사우편저금 시가(時價) 지불 청구소송*	東京地裁 東京高裁 最高裁	77 78	1977.1.26 기각 1978.5.23 기각 1982.10.15 기각	확정
3	지요다(千代田) 생명생보(生命生保) 지불 청구소송 *	東京地裁 東京高裁	78	1978.1.26 기각	확정
4	국고 채권 지불 청구소송(홍콩)*	東京地裁 東京高裁	80	1980.3.25 기각	확정
5	대만인 전시 저축채권 지불 청구소송*	東京地裁 東京高裁	80	1980.10.31 용인 1984.7.30 용인	확정
6	대만인 군표 시가(時價) 반환 청구소송*	東京地裁 東京高裁	73 80	1980.11.17 기각 1982.4.27 기각	확정
7	사할린 잔류자 귀환 청구 사건 소송*	東京地裁	75.12.1	1989.6.15 취하	확정
8	대만인 옛 군인·군속 유족 등 전사상(戰死傷) 보상 청구소송*	東京地裁 東京高裁 最高裁	77.8.13 82 85	1982.2.26 기각 1985.8.26 기각 1992.4.28 기각	확정
9	사할린 잔류 한국인·조선인 보상 청구소송*	東京地裁	90.8.29	1995.7.14 취하	확정
10	한국태평양전쟁유족회 국가배상 청구소송	東京地裁	90.10.29	2001.3.26 기각	확정
11	재일 한국·조선인 원호법의 원호를 받는 지위 확인 소송: 정상근(鄭商根) 재판*	大阪地裁 大阪高裁 最高裁	91.1.31 95.10.20 99.9	1995.10.11 각하 1999.9.10 기각 2001.4.13 기각	확정
12	제암리(堤岩里) 사건 공식 사죄·배상 의무 확인 청구소송*	東京地裁	91.7.15	1999.3.26 휴지(休止) 만료	확정
13	사할린 상부향(上敷香) 한국인 학살 사건 진사(陳謝) 등 청구소송*	東京地裁 東京高裁	91.8.17 95.8.9	1995.7.27 1996.8.7 기각	확정
14	니혼강관(日本鋼管) 손해배상 청구소송*	東京地裁 東京高裁	91.9.30 '97.5.29	1997.5.26 기각 1999.4.6 화해	확정
15	한국인 BC급 전범자 국가보상 등 청	東京地裁	91.11.12	1996.9.9 기각	확정

	구사건 소송*	東京高裁 最高裁	96.9.19 98.7.14	1998.7.13 기각 1999.12.20 기각	
16	아시아태평양전쟁 한국인 희생자 보상 요구사건 소송	東京地裁 東京高裁 最高裁	91.12.6 01. 03.	2001.3.26 기각 2002.3.28 기각 2004.11.29 기각	확정
17	강제징병·징용자에 대한 보상청구 소송 (한국 강원도 유족회 소송)	東京地裁 東京高裁 最高裁	91.12.12 96.12.6 02.	1996.11.22 기각 2002.3.28 기각 2003.3.28 기각	확정
18	김순길(金順吉) 미쓰비시조선(三菱造船) 손해배상 청구 소송	長崎地裁 福岡高裁 最高裁	92.7.31 97.12.9 99.10.	1997.7.31 기각 1999.10.1 기각 2003.3.28 기각	확정
19	원호법 장해연금 지급거부 결정취소 소송(재일 한국·조선인 진석일·석성기 재판)*	東京地裁 東京高裁 最高裁	92.8.13 94.7.26 98.10.13	1994.7.15 기각 1998.9.29 기각 2001.4.5 기각	확정
20	후지마루(浮島丸)호 피해자 국가 보상 청구 소송	京都地裁 大阪高裁 最高裁	92.8.25 01.9.3 03.6.13	2001.8.23 일부 용인 2003.5.30 기각 2004.11.30 기각	확정
21	대일민간법률구조회 불법 행위 책임 존재확인 등 청구소송(일본침략의 피해자와 유족 369명의 사죄 청구 소송)	東京地裁 東京高裁 最高裁	92.8.28 96.3.26 98.10.13	1996.3.25 기각 1999.8.30 기각 2003.3.27 기각	확정
22	대(對) 후지코시(不二越) 강제 연행 노동자에 대한 미불 임금 등 청구소송*	富山地裁 名古屋高裁金沢支部 最高裁	92.9.30 96.8.6 98.12.25	1996.7.24 기각 1998.12.21 기각 2000.7.11 화해	확정
23	김성수(金成壽) 국가배상 청구소송*	東京地裁 東京高裁 最高裁	92.11.5 98.7.6 00.	1998.6.23 기각 2000.4.27 기각 2001.11.16 기각	확정
24	시베리아 억류 재일(在日) 한국인 국가배상 청구소송 (이창석[李昌錫] 재판) 원고 2001년 9월 21일 사망	京都地裁 大阪高裁 最高裁	92.11.9 98.4.1 00.	1998.3.27 각하 2000.2.23 기각 2002.7.18 기각	확정
25	부산 '종군위안부'·여자 정신대 공식 사죄 청구 사건	山口地裁 下関支部 広島高裁 最高裁	92.12.25 98.5.1 01.4.12	1998.4.27 일부 용인 2001.3.29 기각 2003.3.25 기각	확정
26	필리핀 '종군위안부' 국가보상 청구 사건	東京地裁 東京高裁 最高裁	93.4.2 98.10.23 00.12.20	1998.10.9 기각 2000.12.6 기각 2003.12.25 기각	확정
27	재일 한국인 옛 종군위안부 사죄·보상 청구소송(송신도[宋神道] 재판)	東京地裁 東京高裁 最高裁	93.4.5 98.10.7 00.12.12	1998.10.1 기각 2000.11.30 기각 2003.3.28 기각	확정

28	광주(光州) 천인(千人) 소송	東京地裁 東京高裁 最高裁	93.6.30 99.12.21	1998.12.21 기각 1999.12.21 기각 각하	확정
29	홍콩 군표(軍票) 보상 청구 소송*	東京地裁 東京高裁 最高裁	93.8.13 99. 01.2	1999.6.17 기각 2001.2.8 기각 2001.10.16 기각	확정
30	재일 한국인 강부중(姜富中) 원호법의 원호를 받는 지위 확인 소송*	大津地裁 大阪高裁 最高裁	93.8.26 97.11.21 99.10	1997.11.17 각하 1999.10.15 기각 2001.4.13 기각	확정
31	인골 소각 금지(人骨燒却差止) 주민 소송*	東京地裁 東京高裁 最高裁	93.9.2 94.12.16 95.12.27	1994.12.5 기각 1995.12.20 기각 2000.12.19 기각	확정
32	네덜란드인 옛 포로 · 민간 억류자 손해배상 청구 사건	東京地裁 東京高裁 最高裁	94.1.24 98.12.2 01.10	1998.11.30 기각 2001.10.11 기각 2004.3.30 기각	확정
33	김성수 은급(恩給) 청구 기각 처분 취소 청구 소송	東京地裁 東京高裁 最高裁	95.1.18 98.8.4	1998.7.31 기각 1999.12.27 기각 2001.11.16 기각	확정
34	영국 등 옛 포로 · 민간 억류자 손해배상 청구 소송	東京地裁 東京高裁 最高裁	95.1.30 98.11.26 02	1998.11.26 기각 2002.3.27 기각 2004.3.30 기각	확정
35	한국인 옛 BC급 전범 공식 사죄 · 국가보상청구 소송	東京地裁 東京高裁 最高裁	95.5.10 99.4.6 00	1999.3.24 기각 2000.5.25 기각 2001.11.22 기각	확정
36	가지마(鹿島) 하나오카(花岡)광산 중국인 강제 연행 등 손해배상 청구소송*	東京地裁 東京高裁	95.6.28 97.12.11	1997.12.10 기각 2000.11.29 화해	확정
37	중국인 '위안부' 손해배상 청구 소송 (제1차)	東京地裁 東京高裁 最高裁	95.8.7 01.6.12 04.12.27	2001.5.29 기각 2004.12.15 기각 2007.4.27 기각	확정
38	731 · 난징(南京)학살 등 손해배상 청구소송 (중국)	東京地裁 東京高裁 最高裁	95.8.7 99. 05.	1999.9.22 기각 2005.4.19 기각 2007.5.9 기각	확정
39	니혼제철 한국인 옛 징용공 유족, 미불금의 반환 손해배상 등 청구소송*	東京地裁 東京高裁 最高裁	95.9.22 03. 05.	1997.9.18 (對 新日鐵) 화해 2003.3.26 기각 2005.9.29 기각 2007.1.29 기각	확정
40	미쓰비시 히로시마(三菱広島) 옛 징용공 피폭자 미불 임금 등 청구소송 (한국) (국가는 1.27일에 상고)	広島地裁 広島高裁 最高裁	95.12.11 99.4.2 05.2.1	1999.3.25 기각 2005.1.19 일부 용인 2007.11.1 일부 용인	확정

41	중국인 '위안부' 손해배상 청구 소송 (제2차)	東京地裁 東京高裁 最高裁	96.2.23 02. 05	2002.3.29 기각 2005.3.18 기각 2007.4.27 기각	확정
42	리우리엔르언(劉連仁) 강제 연행·강제 노동 손해배상 청구소송 (중국) (중국인 강제 연행 도쿄 제1차 소송)	東京地裁 東京高裁 最高裁	96.3.25 01.7.23 05.6.27	2001.7.12 일부 용인 2005.6.23 기각 2007.4.27 기각	확정
43	핑딩산(平頂山) 주민 학살 사건 손해배상 청구소송(중국)	東京地裁 東京高裁 最高裁	96.8.14 02.7.8 05.5	2002.6.28 기각 2005.5.13 기각 2006.5.16 기각	확정
44	시베리아 억류 옛 일본병 사죄·손해배상 청구 소송	東京地裁 東京高裁 最高裁	96.9.25 00.2 00	2000.2.9 기각 2000.8.31 기각 2002.3.8 기각	확정
45	옛 일본군 독가스·포탄 피해 제1차 소송(중국)(국가 측 공소)	東京地裁 東京高裁	96.12.9 03.10.3	2003.9.29 용인 2007.7.18 기각	확정
46	한국인 옛 여자정신대 공식 사죄·손해배상 청구 소송(도쿄마사[東京麻絲])	静岡地裁 東京高裁 最高裁	97.4.14 00 02	2000.1.27 기각 2002.1.15 기각 2003.3.27 기각	확정
47	731부대 세균전(저장성[浙江省]·후난성[湖南省]) 국가 배상 청구 소송	東京地裁 東京高裁 最高裁	97.8.11 02.9.3 05.7.20	2002.8.27 기각 2005.7.19 기각 2007.6.15 기각	확정
48	중국인 42명 대국(對國)·기업 손해배상·사죄광고 청구소송	東京地裁 東京高裁 最高裁	97.9.18 03.3.19 06.3	2003.3.11 기각 2006.3.16 기각 2007.6.15 기각	확정
49	옛 일본군 유기(遺棄) 독가스·포탄 피해 제2차 소송(중국)	東京地裁 東京高裁	97.10.16 03.5	2003.5.15 기각 2007.3.13 기각	
50	재일 대만인 유족 미불(未拂) 교원(教員)은급 지불 청구소송	東京地裁	97.11.12		
51	중국인 강제 연행·강제 노동 손해배상 나가노(長野) 소송	長野地裁 東京高裁	97.12.22 06.3		
52	니혼제철(日鉄) 오사카제철소(大阪製鉄所) 옛 징용공 손해배상 청구 소송	大阪地裁 大阪高裁 最高裁	97.12.24 01. 02.	2001.3.27 기각 2002.11.19 기각 2003.10.9 기각	확정
53	니시마쓰(西松)건설 중국인 강제 연행·강제 노동 손해배상 청구 소송	広島地裁 広島高裁	98.1.16 02.7.10	2002.7.9 기각	확정
54	대만 출신 옛 BC급 전범 손해배상 청구 소송	宮崎地裁 福岡高裁 最高裁	98.5.7 01. 02.	2001.2.23 기각 2002.5.21 기각 2004.4.23 기각	확정
55	오에야마(大江山) 니켈광산 강제 연행·강제 노동 손해배상 청구 소송	京都地裁 大阪高裁 最高裁	98.10.1 03.1 06.	2003.1.15 기각 2004.9.29 일본야금(冶金) 화해 2006.9.27 기각	확정

				2007.6.12 기각	
56	재한(在韓) 피폭자 건강관리수당 지급권자 지위 확인 소송 (곽귀훈[郭貴勳] 재판)	大阪地裁 大阪高裁	98. 01.	2001.6.1 일부 용인 2002.12.5 용인	확정
57	중국인 성폭력 피해자 사죄 손해배상 청구 소송(산시성[山西省])	東京地裁 東京高裁	98.10.30 02.5.8 03.4	2003.4.24 기각 2005.3.31 기각 2005.11.18 기각	확정
58	미쓰비시 나고야(三菱名古屋)·조선여자 근로정신대 소송	名古屋地裁 名古屋地裁 最高裁	99.3.1 05.3.9 07.6.	2005.2.24 기각 2007.5.31 기각	
59	최규명(崔圭明) 니혼생명의 기업 책임을 묻는 재판	大阪地裁	99.3.1		
60	재한(在韓) 피폭자 이강녕(李康寧) 건강관리수당 수급권자 지위 확인 소송	長崎地裁 福岡高裁 最高裁	99.5.31 02.1.8 03.2.17	2001.12.26 용인 2003.2.7 용인	
61	대만인 옛 '위안부' 손해배상·사죄 청구 소송	東京地裁 東京高裁 最高裁	99.7.14 02.10 04.2.18	2002.10.15 기각 2004.2.7 기각	확정
62	니가타(新潟)항 중국인 강제 연행·강제 노동 사건 니가타 소송	新潟地裁 東京高裁	99.8.31 04.3.29	2004.3.26 용인 2007.3.14 기각	
63	중국인 강제 연행 홋카이도 (北海道) 소송	札幌地裁 札幌高裁	99.9.1 04.3.29	2004.3.23 기각 2007.6.28 기각	
64	이수영(李秀英) 난징(南京)대학살 명예 훼손 소송(중국)	東京地裁 東京高裁 最高裁	99.9.17 02.5. 03.4.	2002.5.10 용인 2003.4.10 용인 2005.1.21 용인	확정
65	한국인 징용공 공탁금 반환 청구 제1차 소송(日鐵釜石)	東京地裁 東京高裁 最高裁	00.4.27 04.10 05.12	2004.10.15 기각 2005.12.14 기각 2007.1.29 기각	확정
66	중국인 강제 연행 후쿠오카(福岡) 소송	福岡地裁 福岡高裁 最高裁	00.5.10 02.4.26 04.6.4	2002.4.26 일부 용인 2004.5.24 기각 2007.4.27 기각	확정
67	한국인 옛 군인·군속·유족 야스쿠니 합사 금지·유골 반환·사죄·보상청구 소송	東京地裁 東京高裁	01.6.29 06.	2006.5.25 기각	
68	중국 하이난도(海南島) 전시 성폭력 피해자 명예회복 등 청구소송	東京地裁 東京高裁	01.6.29 06.	2006.8.30 기각	
69	재한(在韓) 피폭자 이재석(李在錫) 건강관리수당 수급권자 지위 확인 소송	大阪地裁	01.10.3	2003.3.20 용인	확정
70	한국인 징용공 공탁금 반환 청구 제2차 소송(日鐵釜石)	東京地裁 東京高裁 最高裁	02.4.27 06.	2004.12.27 기각 2006.4.25 기각 2007.1.29 기각	확정

71	중국인 강제 연행 군마(群馬) 소송	前橋地裁	02.5.27	2002.8.29 기각	
72	중국인 강제 연행 후쿠오카(福岡) 제2차 소송	福岡地裁 福岡高裁	03.2.28 06.4.11	2003.3.29 기각	
73	한국·한센병 보상청구 기각 처분 취소 소송	東京地裁 東京高裁	03.3.23 05.10.26	2005.10.25 기각 2006.2. 취하	
74	대(對) 후지코시 강제 연행 노동자에 대한 미불 임금 등 청구 2차 소송	富山地裁	03.4.1	2007.9.19 기각	
75	한국 시베리아 억류자 등 옛 군인·군속·합사금지·보상 등 청구 2차 소송	東京地裁	03.6.12	*67번으로 병합	
76	대국(對國)·미쓰비시광산 중국인 피폭자·유족 손해배상 청구 소송	長崎地裁	03.11.28	2007.3.27 기각	
77	재한 피폭자 건강관리수당 지급권자 지위확인 소송(최계철[崔季澈] 재판)	長崎地裁 福岡高裁	04.2.22 04.10.7	2004.9.28 용인 2005.9.26 용인	
78	재한 피폭자 건강관리 수당 지급 소송 (최계철 재판)	長崎地裁 福岡高裁	04.5.22	2005.12 일부 용인 2007.1.22 기각	확정
79	중국인 강제 연행 미야자키(宮崎)소송	宮崎地裁 福岡高裁	04.8.10 07.3.26	2007.3.26 기각	
80	재한 피폭자 장제료(葬祭料) 지급 각하(却下) 취소·손해배상 청구소송	大阪地裁	04.9.21	2006.2.21 기각	
81	중국인 강제 연행 사카다(酒田) 소송	山形地裁	04.12.17		
82	대만·한센병 보상 청구 기각 처분 취소 소송(국가 측 공소)	東京地裁 東京高裁	04.12.17 05.11.8	2005.10.25 용인 2006.2. 취하	
83	최계철 재외 피폭자 장제료 재판	長崎地裁 福岡高裁	05.3.16	2005.3.8 용인 2005.9.26 용인	확정
84	미쓰비시·한국인 옛 징용공 피폭자 수첩 신청 각하 처분 취소 소송	広島地裁 広島高裁	05.6.15 06.10.5	2006.9.26 기각	
85	중국인 강제 연행 사죄 보상 청구 가나자와(金沢) 소송	金沢地裁	05.7.19		
86	충칭(重慶) 대폭격 피해자 국가 배상 청구 소송(중국)	東京地裁	06.3.30		
87	치치하얼(齊齊哈爾) 유기(遺棄) 독가스 사건 의료지원·생활지원제도 요구 소송	東京地裁	07.1.25		
88	사할린 잔류 한국인 우편저금 반환 소송	東京地裁	07.9.25		

주1: 원고(原告)가 일본 국적이 아닌 것에 한정.다만 한국·중국에서 열린 재판은 미기재.
주2: '확정'은 재판이 종료.

이외에 1952년 6월 14일, 조선인·대만인 범죄에 의한 석방청구 재판 (1952년 7월 30일, 최고재판, 기각)이나 1989년 3월 8일, 도쿄지방법원에 우토로 토지의 '건물 수거 토지 명도'를 요구하여 니시니혼쇼쿠산西日本殖産이 주민인 재일조선인 69세대를 기소하는 재판 등이 있다. 추가 제소의 경우 제소 연월일이 1차 소송과 같은 경우 2차 소송에는 생략.

| 이 표는 신타니 지카코(新谷ちか子)·아리미쓰 겐(有光 健) 씨가 정리한 것 위에 전후보상 네트워크·우쓰미 아이코 씨가 가필·수정하였다(협력: 전후보상네트워크, 시모노세키판결을 활성화시키는 모임, 전후보상 문제를 생각하는 변호사 연락협의회, 재일의 '위안부' 재판을 돕는 모임).

| 주요참고문헌

일본변호사연합회(1993),『제36회 인권옹호대회 심포지엄 제1분과회 기조 보고서』.
전후보상국제포럼실행위원회(1994),『전후보상 실현을 위하여』, 梨の木舍.
아이타니 구니오藍谷邦雄(1995),「전후보상 재판의 현상과 과제」,『계간 전쟁책임연구』, 제10호.
기타 「전후보상실현! Fax속보」, 각 지원 단체의 웹사이트 등.

일본의 적국(敵國) 및 단교국(斷交國) 일람

번호	국명	국교단절 연·월·일	선전포고 연·월·일
1	미국		1941.12.8
2	영국		1941.12.8
3	영연방(캐나다·오스트레일리아·남아연방·뉴질랜드)		1941.12.8
4	코스타리카		1941.12.7
5	도미니카		1941.12.8*
6	온두라스		1941.12.8*
7	과테말라		1941.12.8*
8	니카라과		1941.12.8*
9	엘살바도르		1941.12.8
10	아이티		1941.12.8
11	파나마		1941.12.9
12	네덜란드		1941.12.10
13	쿠바	1941.11.16	1943.1.17
14	이라크	1941.12.8	1942.5.22
15	멕시코	1941.12.8	1945.2.26
16	이집트	1941.12.18	1941.12.20
17	벨기에	1941.12.23	1945.6.26
18	그리스	1941.12.31	1945.2.14
19	베네수엘라	1942.1.20	1945.2.13
20	파라과이	1942.1.24	1945.2.12
21	페루	1942.1.25	1945.2.22
22	우루과이	1942.1.28	1945.6.6
23	브라질	1942.1.28	1943.12.4
24	볼리비아	1941.1.29	1945.2.9
25	에콰도르	1943.3.30	1943.7.11
26	노르웨이	1943.1.20	1945.4.12*
27	칠레	1944.1.26	1945.3.27
28	아르헨티나		1944.1.27

29	라이베리아	1945.1.6	1945.2.23
30	터키		1945.2.26*
31	시리아		1945.2.27*
32	레바논	1942.4.13	1945.2.28*
33	이란		1945.3.1
34	사우디아라비아 소비에트		1945.8.9

주1) 1번과 2번은 일본이 먼저 선전을 포고, 3번 이래는 일본에 대한 선전포고.
주2) 개전(開戰) 후, 일본에 선전포고한 정권(충칭 정권, 프랑스 드골 정권, 유고슬라비아, 폴란드, 이디오피아, 체코슬로바키아, 이탈리아 바돌리오 정권)은 일본이 무시했기 때문에 표에 포함되어 있지 않다.
주3) 네덜란드, 벨기에(단교), 그리스, 노르웨이, 덴마크 외는 대개 당해국 시간에 의함.
주4) * 표시는 일본 측의 인정에 의한 일시를 표시함.
주5) 이 외에 단교했지만 선전포고하지 않은 나라(콜롬비아, 핀란드, 루마니아, 불가리아, 스페인, 덴마크)가 있다.
주6) 주요한 중립국으로서는 스위스, 포르투갈, 스웨덴, 아프가니스탄, 바티칸
출전: 외무성 조약국 제2과 조사(1943년 10월 20일 현재, 1945년 8월 14일 현재)에서 작성.

아시아의 독립과 일본의 배상

국가·지역		전후의 동향	대일 '평화조약'
중국 (대만·'만주국') 중화민국, 중화인민공화국	1945.8.16	'만주국' 해체를 선언	불참가: 강화조약회의에 초빙되지 않음
	1946.1.10	국공 양군의 정전 협정 성립	
	1949.10.1	중화인민공화국 건국	
	1949.12.7	수도를 타이베이로 이전(중화민국)	
소련 러시아	1952.4.28	일본, 샌프란시스코조약에서 남(南)가라후 토·지시마·근접 제도의 권리, 권한, 청구 권을 포기	조인 거부
한국 조선	1945.9.6	조선인민공화국 수립을 선언 (10.10 미군정청 장관, 수립을 부인하는 성명)	불참가: 강화조약 회의에 초빙되지 않음
	1948.8.13	대한민국 수립의 선포식 거행	
	1948.8.15	대한민국 수립 선언	
	1948.9.9	조선민주주의인민공화국 수립	
베트남 (프랑스령 인도차이나)	1945.9.2	베트남민주공화국 독립 선언	조인: 남베트남(북베트남 은 제외)
	1945.9.23	프랑스, 식민지 주권의 부활을 선언	
	1946.12.19	프랑스와의 전쟁에 돌입, 미국의 개입	
	1976.7.2	베트남 사회주의 공화국 수립	
라오스 (프랑스령 인도차이나)	1949.7.19	라오스왕국 독립(프랑스 연합 내에서)	조인: 비엔챤 정부
	1954.7.21	제네바협정 조인 제1차 인도차이나전쟁 의 종결, 프랑스 철퇴	
	1975.12.2	라오스인민민주의공화국 수립	
캄보디아 (프랑스령 인도차이나)	1953.11.9	캄보디아왕국 독립(시아누크)	조인
	1970.10.9	공화제를 선언	
	1976.1.5	민주 캄보디아에 국명 변경	
	1979.1.11	캄보디아인민공화국 수립	
타이	1945.8.16	미·영에 선전포고의 무효를 선언	
국가·지역		**경제협력 협정 등**	**배상**
중국 (대만·'만주국')	1952.4.28	일화(日華)평화조약 조인(8.5 발효)	국민정부 2,000만 달러 분 일본군수시설의 해체분으

중화민국, 중화인민공화국	1972.9.29	실효	로 수령*
	1972.9.29	중일공동성명 조인	양(兩) 중국, 모두 배상 청구권 포기
	1978.8.12	중일평화우호조약 서명(10.23 발효)	
소련 러시아	1956.10.19	일소공동선언 조인(12.12발효)	배상청구권 포기 상호 포기
한국 조선	1965.6.22	한일기본조약, 한일청구권 및 경제협력 협정 조인(12.18 발효) 조선민주주의인민공화국(북한)과는 국교 가 회복되지 않았다	청구권 포기, 10년간 1,080 억 엔(3억 달러) 무상공여 /720억 엔(2억 달러) 차 관/민간신용공여 1,080억 엔(3억 달러) 이상
베트남 (프랑스령 인도차이나)	1959.5.13	남베트남과 배상에는 차관협정 조인 (1960.1.12 발효) (14조a항)	5년간 140억 4,000 만 엔(3,900만 달러) 의 배상·5년 지불 차관 27 억 엔(750만 달러)
	1975.10.11	북베트남과의 경제 부흥과 발전을 위한 증여	85억 엔(2,361만 달러) 무상공여
	1976.9.14	북베트남과의 경제 부흥과 발전을 위한 증여	50억 엔(1,389만 달러) 무상공여
라오스 (프랑스령 인도차이나)	1958.10.15	경제·기술협력 협정 조인(1959.1.23 발효)	대일 배상청구권 포기 (56.12.19) 2년간 10억 엔(277만 7,777 달러)의 생산물과 역무의 무상공여
캄보디아 (프랑스령 인도차이나)	1959.3.2	경제·기술협력 협정 조인(7.6 발효)	배상청구권 포기, 3년간 15억 엔(416만 6,666달러) 의 생산물과 역무의 무상 공여
타이	1955.7.9	특별엔(円) 문제해결 협정 조인(8.5 발 효)	5년간 54억 엔(1,500만 달러)의 경제협력
	1962.1.31	특별엔(円) 협정 개정 조인(5.9 발효)	8년간 96억 엔(2,666만 666달러) 무상공여

● 아시아의 독립과 일본의 배상 (2)			
국가·지역		**경제협력 협정 등**	**배상**
버마 (영국령 미얀 마)	1954.11.5	'평화조약'/ 배상·경제협력 협정 조인 (1955.5.16 발효)	배상 12년간 720억 엔(2억 달러)의 생산물과 역무의 제공/ 180억 엔(5,000만 달러)분의 경제협력
	1963.3.29	재검토 협정서 조인(10.25 발효)	무상 504억 엔(1억 4,000 만 달러) 차관 108억 엔(3,000만 달

			러) 제공
말레이시아 (영국령 말레 이)	1967.9.21	말레이시아/싱가포르 대일배상협정 (혈채[血債]협정) 조인(1968.5.7 발효)	29억 4,000만 엔(816만 6,675달러)의 생산물 · 역 무의 무상 제공 합의
싱가포르 (영국령 말레 이)	1967.9.21	말레이시아/싱가포르 대일보상협정(혈채 [血債]협정) 조인(1968.5.7 발효)	29억 4,000만 엔(816만 6,675달러)의 생산물 · 역 무의 무상 제공 합의
필리핀	1956.5.9	배상협정, 경제개발 차관공문 조인 (7.23 발효, 샌프란시스코조약 14조 a항)	800만 달러 분을 수령* 배상은 20년간에 1,980억 엔(5억 5,000만 달러)의 생 산물 · 역무 및 자본재 제공 지불/차관 900억 엔(2억 5,000만 달러)
인도네시아 (네덜란드령 인도)	1958.1.20	'평화조약'/배상협정조인(4.16 발효)	배상은 12년간 803억 880 만 엔(2억 2,308만 달러)의 생산물과 역무 제공 인도네시아 청산 잔고 636 억 8,902만 엔(1억 7,691 만 달러)지불 차관 1,440억 엔(4억 달러)
미크로네시아 (남양군도)	1969.4.18	태평양제도 신탁통치 지역에 관한 미일협 정조인(7.7 발효)	18억 엔(500만 달러)의 무 상 제공
인도	1952.6.9	'평화조약'(8.27 발효)	인도 청구권 포기 (1963.12.14) 900만 엔(2만 5,000달러) 을 지불
네덜란드	1956.6.1	사적 청구권 문제 해결에 관한 의정서 발 효	1,000만 달러(36억 엔)
국가 · 지역	**전후의 동향**		**대일 '평화조약'**
버마 (영국령 미얀 마)	1948.1.4	버마민주공화국 독립을 선언	참가 거부
	1974.3.2	버마연방사회주의공화국으로 개칭	
	1989.6.18	미얀마연방으로 개칭	
말레이시아 (영국령 말레 이)	1949.2.1	영국, 말라야연방을 발족	회의 당시, 미 독립
	1957.8.31	말라야연방 독립	
	1963.9.16	말레이시아 발족	
싱가포르 (영국령 말레 이)	1965.8.9	말레이시아로부터 분리, 싱가포르공화국 독립	회의 당시, 미 독립
필리핀	1945.8.17	호세 라우렐, 필리핀 '독립' 정부의 해체를 선언	조인 1956년에 비준
	1946.7.4	필리핀 공화국 독립	

인도네시아 (네덜란드령 인도)	1945.8.17	인도네시아공화국 독립 선언	조인되었지만 비준 안 됨
	1949.12.27	네덜란드 주권을 이양	
	1975.11.8	포르투갈령 동티모르, 독립을 선언. 인도네시아, 침략하여 병합	
	1999.8.30	동티모르, 주민투표에 의해 독립, 배상 문 제는 미해결	
미크로네시아 (남양군도)	1922.3.31	남양청 관제 공포, 4.1 시행, 남양청 설치	
	1945.6	미국 신탁통치를 개시	
인도	1947.8.15	인도 독립	불참가
네덜란드			참가

| 참고문헌

1. 전후보상과 관련하여

内田雅敏, 『「戦後補償」を考える』, 講談社現代新書, 1994年.

内海愛子・越田綾・田中宏・飛田雄一 監修, 『増補版 ハンドブック戦後補償』, 梨の
　木舎, 1994年.

戦後補償国際フォーラム実行委員会 編, 『戦後補償実現のために』, 梨の木舎, 1994
　年.

田中伸尚・田中宏・波田永実, 『遺族と戦後』, 岩波新書, 1995年.

殷燕軍, 『中日戦争賠償問題』, 御茶の水書房, 1996年.

大沼保昭, 『東京裁判から戦後責任の思想へ』, 東信堂, 1997年.

朝日新聞 戦後補償問題取材班, 『戦後補償とは何か』, 朝日文庫, 1999年.

今村嗣夫・鈴木五十三・高木喜孝 編著, 『戦後補償法: その思想と立法』, 明石書店,
　1999年.

藤田久一・鈴木五十三・永野貫太郎, 『戦争と個人の権利』, 日本評論社, 1999年.

高木健一, 『今なぜ戦後補償か』, 講談社新書, 2001年.

日本国に朝鮮と朝鮮人に対する公式謝罪と賠償を求める裁判をすすめる会, 『報
　告 浮島丸事件訴訟』, 南方新社, 2001年.

太田修, 『日韓交渉: 請求権問題の研究』, クレイン, 2003年.

吉澤文寿, 『戦後日韓関係 国交正常化交渉をめぐって』, クレイン, 2005年.

市場淳子, 『新装増補版 ヒロシマを持ち帰った人々: 「韓国の広島」はなぜ生ま
　れたのか』, 凱風社, 2005年.

田中宏, 『戦後60年を考える: 戦後補償裁判 国籍差別・歴史認識』, 創史社, 2005年.

内海愛子, 『日本軍の捕虜政策』, 青木書店, 2005年.

高橋博子・竹峰誠一郎 編, 『いまに問うヒバクシャと戦後補償』, 凱風社, 2006年.

池谷好治, 『路傍の空襲被害者 戦後補償の空白』, クリエイティブ21, 2010年.

「戦後補償実現！FAX通信」, 戦後補償ネットワーク, FAX.03-3237-0287.

日本の戦争責任資料センター, 『季刊戦争責任研究』1~34号.

2. 조선인·대만인·중국인 피해자와 관련하여

樋口雄一, 『皇軍兵士にされた朝鮮人』, 社会評論社, 1991年.

内海愛子·G.マコーマック·H.ネルソン 編著, 『泰緬鉄道と日本の戦争責任』, 明石書店, 1994年.

金成寿, 『傷痍軍人 金成寿の戦争』, 社会評論社, 1995年.

近藤正己, 『総力戦と台湾: 日本植民地崩壊の研究』, 刀水書房, 1996年.

中島竜美 編著, 『朝鮮人被爆者 孫振斗裁判の記録』, 在韓被爆者問題市民会議発行, 1998年.

奥田安弘ほか, 『共同研究 中国戦後補償』, 明石書店, 2001年.

木村宏一郎, 『忘れられた戦争責任 カーニコバル島事件と台湾人軍属』, 青木書店, 2001年.

西成田豊, 『中国人強制連行』, 東京大学出版会, 2002年.

杉原達, 『中国人強制連行』, 岩波新書, 2002年.

曹洞宗人権擁護推進本部 編, 『東アジア出身の犠牲者遺骨問題と仏教: 遺骨の声なき声に耳を澄ます』, 曹洞宗宗務庁, 2007年.

内海愛子·上杉聡·福留範昭, 『遺骨の戦後: 朝鮮人強制動員と日本』, 岩波ブックレット, 2007年.

水野直樹, 『創氏改名 日本の朝鮮支配の中で』, 岩波新書, 2008年.

内海愛子, 『キムはなぜ裁かれたのか 朝鮮人BC級戦犯の軌跡』, 朝日新聞出版, 2008年.

戦争と空爆問題研究会 編, 『重慶爆撃とは何だったのか』, 高文研, 2009年.

沢田猛, 『空襲に追われた被害者たちの戦後: 東京と重慶 消えない記憶』, 岩波ブックレット, 2009年.

3. 기업의 강제 연행의 책임과 관련하여

田中宏·内海愛子·石飛仁解説, 『資料·中国人強制連行』, 明石書店, 1987

田中宏·内海愛子·新美隆編, 『資料·中国人強制連行の記録』, 明石書店, 1990

古庄正 編著, 『強制連行の企業責任』, 創史社, 1993年.

田中宏·松沢哲成 編, 『中国人強制連行資料:「外務省報告書」全五分冊ほか』, 現代書館, 1995年.

古庄正·田中宏·佐藤健正他 著, 『日本企業の戦争犯罪』, 創史社, 2000年.

山田昭次·古庄正·樋口雄一, 『朝鮮人戦時労働動員』, 岩波書店, 2005年.

竹内康人, 『戦時朝鮮人強制労働調査資料集: 連行先一覧·全国地図·死亡者名簿』, 神戸学生·青年センター出版部, 2007年.

西成田豊, 『労働力動員と強制連行』, 山川出版社, 2009年.

4. 전시(戰時) 성폭력에 관련하여

吉見義明,『從軍慰安婦』, 岩波新書, 1995年.

吉見義明・林博史 編著,『共同研究 日本軍慰安婦』, 大月書店, 1995年.

マリア・R・ヘンソン 著(藤目ゆき 訳),『ある日本軍'慰安婦'の回想』, 岩波書店, 1995年.

大沼保昭・下村満子・和田春樹 編,『'慰安婦'問題とアジア女性基金』, 東信堂, 1998年.

VAWW-NET 編・(松井やより 訳・前田朗 解説),『戦時・性暴力をどう裁くか』(国連マクドゥーガル報告の全訳所収), 凱風社, 1998年.

戸塚悦郎,『日本が知らない戦争責任』, 現代人文社, 1999年.

前田朗,『戦争犯罪論』, 青木書店, 2000年.

VAWW-NET Japan 編,『日本軍性奴隷制を裁く2000年女性国際戦犯法定廷の記録』, 全五巻, 緑風出版, 2000~2001年.

5. 일본계 미국인과 관련하여

読売新聞社外報部訳 編,『拒否された個人の正義: 日系米人強制収容の記録』, 三省堂, 1983年.

岡部一明,『日系アメリカ人強制収容から戦後補償へ』, 岩波ブックレット, 1991年.

マリカ・オマツ 著(田中祐介・田中デアドリ 訳),『ほろ苦い勝利: 戦後日系カナダ人リドレス運動史』, 現代書館, 1994年.

6. 배상과 관련하여

外務省 編,『サン・フランシスコ会議議事録』, 1951年.

賠償庁・外務省共 編,『対日賠償文書集』, 第一巻, 1951年.

外務省条約局条約課 編集,『日韓条約国会審議要旨』, 1966年.

渡辺昭夫・宮里政玄 編,『サンフランシスコ講和』, 東京大学出版会, 1986年.

吉川洋子,『日比賠償外交交渉の研究』, 勁草書房, 1991年.

国会図書館調査及び立法考査局,『ISSUE BRIEF 戦後補償問題・総論』NO.228・229・230, 1993年.

原朗,「戦後賠償問題とアジア」,『岩波講座 近代日本と植民地8 アジアの冷戦と脱植民地化』, 岩波書店, 1993年.

ハワード・B・ショーンバーガー著, 宮崎章訳,『占領 1945-52: 戦後日本をつくりあげた八人のアメリカ人』, 時事通信社, 1994年.

豊下楢彦,『安保条約の成立』, 岩波新書, 1996年.

西村熊雄,『サンフランシスコ平和条約・日米安保条約』, 中公文庫, 1999年.

村井吉敬 編著,『徹底検証 ニッポンのODA』, コモンズ, 2006年.

7. 해외의 움직임

国立国会図書館調査及び立法考査局, 『外国の立法 特集戦後補償』34·3~4, 1996年.
ドイツ連邦共和国における'記憶·責任·未来'基金調査団 編, 『ドイツ連邦共和国
における'記憶·責任·未来'基金調査報告書』, 2000年.

8. 그 외 문헌

『極東国際軍事裁判速記録』, 全10巻, 雄松堂, 1968年.
厚生省援護局 編, 『引揚げと援護行政三十年の歩み』, ぎょうせい, 1978年.
東京裁判資料刊行会 編, 『東京裁判却下未提出辯護側資料』, 国書刊行会, 1995年.
東京裁判ハンドブック編集委員会 編, 『東京裁判ハンドブック』, 青木書店, 1989年.
厚生省社会·援護局援護50年史編集委員会, 『援護 50年史』, ぎょうせい, 1997年.

● アジア歴史資料センター(画像·テキストで資料公開): http://www.jacar.go.jp/
戦後補償ネットワーク: 〒102-0074千代田区九段南2-2-7-60
Fax.82-3-3237-0287 / Tel.03-3237-0217 / 080-5079-5461 / cfrtyo@aol.com

● 日本の戦争責任資料センター, 『季刊 戦争責任研究』:
http://space.geocities.jp/japanwarres/
T&F. 81-3-3204-7477 / jwrc.@mua.biglobe.ne.jp

● 日韓会談文書·全面公開を求める会: http://www7b.biglobe.ne.jp/~nikkan

● 변호단 지원 단체에 의한 소장·증언집·판결문 팜플렛 등이 많이 간행되고 있다.

● 사진제공자 (존칭 생략)

朝日新聞社, p.73.
戦後責任を問う関釜裁判を支援する会, p.82上(版権所有).
毎日新聞社, p.25, 82上(提供).
読売新聞社, p.13.
著者 カバー表, カバー裏, 扉, p.18, 22, 32, 54, 61, 82中.

찾아보기

〈그림〉